루퍼트 브룩
Rupert Brooke
시인, 네오파간

카 콕스
Ka Cox
네오파간, 버지니아의 충실한 친구

캐서린 맨스필드
Katherine Mansfield
작가, 버지니아의 친구이자 라이벌

에델 스미스
Ethel Smyth
작곡가, 서프러제트

랠프 패트리지
Ralph Partridge
리턴과 도라의 동거인,
호가스 출판사에서 일했다

해럴드 니컬슨
Harold Nicolson
대사(大使), 비타의 남편

도러시 웰즐리
Lady Dorothy Wellesley
웰링턴 공작부인
작가이자 시인, 비타의 애인

비타 색빌웨스트
(빅토리아 니컬슨)
Vita Sackville-West
(Lady Victoria Nicolson)
작가, 버지니아의 연인

힐다 매더슨
Hilda Matheson
BBC 라디오 프로듀서,
비타의 애인

도라 캐링턴
Dora Carrington
화가

KB097959

오톨린 모렐
Lady Ottoline Morrell
예술가들의 후원자

메리 허친슨
Mary Hutchinson
클라이브 벨의 파트너,
비타와도 잠시 사귀었다

메리 캠벨
Mary Campbell
비타의 애인

발레리 테일러
Valerie Taylor
배우, 비타의 애인

줄리언 벨
Julian Bell
시인, 버네사와 클라이브의 아들

쿠엔틴 벨
Quentin Bell
작가, 버네사와 클라이브의 아들

앤젤리카 벨
Angelica Bell
화가, 버네사와 덩컨의 딸

엘리자베스 보웬
Elizabeth Bowen
작가이자 시인, 버지니아의 친구

옥타비아 윌버포스
Dr. Octavia Wilberforce
의사, 버지니아의 친구

나, 버지니아 울프

일러두기
＊본문의 주는 모두 옮긴이의 주입니다.

한 사람의 인생이
모두의 이야기가 되기까지

나, 버지니아 울프

Virginia Woolf

수사네 쿠렌달 지음
이상희 옮김

어크로스

자신이 쓰고 싶은 글을 쓰세요.
그보다 더 중요한 것은 없습니다.
그 글이 영원히 기억될 가치를 가질 것인지,
단 몇 시간 만에 잊힐 만한 것인지는
그 누구도 알 수 없습니다.

버지니아 울프, 《자기만의 방》

우리는 생각에 잠긴 채
지나쳐 간다.

버지니아 울프는 길을
걸으며 바라보았다.
달팽이와 흙길, 나뭇잎
그리고 거기에 맺힌
이슬들.

그것은 이미 그녀가 하고자
했던 이야기였다.
달팽이, 흙길, 나뭇잎
그리고 이슬 그 이상을
의미하는 것이다.

버지니아 울프는
《큐 가든》에서 이렇게 썼다.

타원형 화단에서 달팽이는 자신의
집 안으로 아주 부드럽게 움직이는
것처럼 보였다. 곧 달팽이는
부드러운 흙 위에서 움직일 준비를
할 것이다. 달팽이가 시든 나뭇잎을
피할지 아니면 처리할지를
결정하기도 전에 비트 잎 사이로
인간의 발이 나타났다.

버지니아 울프의 작품
《등대로》

당연히 내일은
멋질 거야.

너는 종달새랑
같이 있을 거고.

하지만….
날씨가
좋을 것 같지
않은데.

만약 제임스의 손에 도끼가 있었다면,
아버지의 가슴에 구멍을 뚫어
그를 죽일 수 있을 만한 부지깽이나
다른 무기가 지금 당장, 여기에
있었더라면 제임스는 그렇게
했을 것이다.

7

버지니아 울프는 빅토리아 시대 영국의 부유한 가정에서 자랐다. 여름이면 스티븐 가족은 콘월 지방의 세인트이브스의 톨랜드 하우스에서 시간을 보냈다.

애들린 버지니아 스티븐
1882년 1월 25일 출생
버지니아는
각각 재혼이었던
부모님 사이에서 태어난
셋째 딸이었다.

버네사 스티븐
버지니아의 언니

에이드리언 스티븐
버지니아의 남동생

줄리언 토비 스티븐
버지니아의 오빠

제럴드 덕워스
이부 오빠

줄리아 스티븐
덕워스 미망인
버지니아의 어머니

조지 덕워스
이부 오빠

스텔라 덕워스
이부 언니

레슬리 스티븐
버지니아의 아버지

지니아!*
크리켓 너무 잘해!

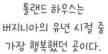
톨랜드 하우스는
버지니아의 유년 시절 중
가장 행복했던 곳이다.

*'지니아'는 가족들이 버지니아를 부르는 애칭이다.

안녕 토비!
버네사!

염소는 어디 있어?

지니아는 어디 갔니?

레슬리 스티븐의 친구들과 그를 따르는
사람들 역시 이곳을 방문했다.
레슬리 스티븐은 존경받는 집필가이자
산악인이었고 전기 작가이기도 했다.
당연히 이곳에는 적어도 세 명 이상의
하인이 함께였다.

메리, 내 예쁜 여동생!

삼촌과 이모 그리고
여러 사촌들 역시 여름이면
스티븐 가족과 행복한 시간을
보내곤 했다.

안녕 부!

줄리아, 이제야 보는구나!

피셔 가족이다!

버지니아는 예민하고 어설픈
행동 때문에 "염소"라는
별명으로 불리곤 했다.

제럴드!
하하하!

하지만 이 경험* 역시
툴랜드 하우스의 일부였다.
버지니아는 여섯 살이었고,
제럴드는 열여덟 살이었다.

＊버지니아는 어린 시절에
이부 오빠 제럴드 덕워스에게
성추행을 당했다고 나중에 고백했다.
어린 시절 겪은 거울 앞에서의 충격
때문에 버지니아는 거울에 대한
트라우마를 가지고 있었다.

수십 년이 지난 후에야
비타 색빌웨스트가
거울에 대한 그녀의 공포를
치유했다.

10

런던시 켄싱턴가 22번지 하이드파크 게이트.
이곳이 버지니아의 가족이 살던 곳이었다.
여덟 명의 자녀와 잭슨 부인
그리고 외할머니와 일곱 명의 하인들.

로라 스티븐
버지니아의 이복 자매.
아버지 레슬리 스티븐이
첫 결혼 때 낳은 딸.
발달이 느리고 계속
무엇인가를 중얼대던 로라는
버지니아가 열 살 때
시설로 보내졌다.
아이들은 로라를
'호수의 성모'라 불렀다.

버지니아는 만 두 살이 되어서야 말을 하기 시작했지만
다섯 살이 되었을 때는 형제자매들에게 옛이야기를 해줄 정도가 되었다.

그녀가 자필로 쓴 것 중
가장 오래된 것은
여섯 살 때
직접 쓴 편지다.

사랑하는 대부님께
대부님, 애디론댁*에 있나요.
거기서 동물들이랑 둥지에 있는 새들도 보았나요.
대부님은 여기 오지도 않는 장난꾸러기.
그럼 안녕히 계세요.
사랑하는 버지니아가.

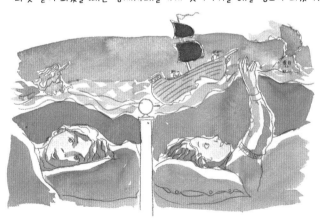

그녀는 원하는 것이 있을 때는
감언이설을 해서라도 얻어냈고,
그것이 통하지 않을 때는
억지를 부려서라도
반드시 얻어냈다.

그녀가 얼굴이 벌게지도록
화를 내는 것을 모두
두려워했다. 그녀가
어떻게 나올지 아무도
예상할 수 없었기
때문이다.

＊Adirondacks, 미국 뉴욕주에 있는 산악지대.

다 썼어?
다 썼니!?

버지니아의 부모님은
딸들을 직접 가르쳤다.
여자아이들은
킹스칼리지 일부 수업을
수강할 수는 있었지만
졸업을 할 수는 없었다.
당시 케임브리지는
남자들만 입학할 수
있었기 때문이다.

버지니아는 아홉 살 때, 토비와 함께
잡지를 만들었다. 매주 나오는 잡지에는
집안에서 일어나는 일들이
담겨 있었다.

밀리센트 버건 양은
여동생을 보기 위해
캐나다에 가 있습니다.
우리는 그녀가 전 세계의
많은 부부를 만나는 동안
너무나도 행복한 결혼 생활을 하는
여동생에게 질투를 느끼지 않기를 바랍니다.

당연한 일이지만, 그녀는 어른의
문체나 위대한 작가를 모방하고,
스스로 지어낸 이야기도 적어 넣었다.

그녀의 아버지는 자신의 방대한
서재에서 버지니아가 읽을 수 있는 책을
골라주었다. 저녁마다 그는 아이들에게
책을 읽어주고 아이들이 스스로 판단할 수
있도록 격려해주기도 했다.

지루한 일이었지만, 아이들은 반드시 하루 두 번
켄싱턴 가든스*를 산책해야만 했다. 하이드파크 게이트
22번가에서 걸어서 1분 거리에 퀸스 게이트가 있었다.

맛있겠다!
아가씨! 나도 줘!

그녀는 이 만남을
결코 잊지 않았다.

* 런던의 공원. 원래 켄싱턴궁의 정원이었으나 일반인에게 공개되었다.

13

버지니아 울프는
《등대로》에서 이렇게 썼다.

램지 씨는 팔을 앞으로 내저으며, 어두운 아침
복도를 따라 비틀거리며 앞으로 걸었다.
하지만 전날 밤, 너무나도 갑작스럽게
램지 부인이 사망했기 때문에
앞으로 뻗은 그의 손은 허공을
휘저을 뿐이었다.
그는 공허한 모습으로
남겨졌다.

1895년. 줄리아 스티븐이 사망했다. 버지니아가 열세 살 때였다.

마지막으로 엄마에게
작별 인사를 하렴.

쇠,
단단하고 차가운 쇠.

그녀는 평생
차갑고 단단한
쇠를 볼 때마다
돌아가신 어머니를
떠올렸다.

스텔라, 가엾어라!
마음을 굳게 먹어야 해!

줄리아는
천사였어!

그녀는 정말 성스러운
사람이었어!

늘 다른 사람만
생각하더니, 자기 자신은
돌보지도 못하고!

불쌍한 사람!
불쌍한 아이들!

슬픔에 잠긴 이모들이
집을 가득 채웠다.
버지니아는 스스로가
놀랄 정도로,
그 어떠한 감정도
느끼지 못했다.

차라리 나도
죽어버렸으면!

아내는 나에게
정말 과분한
사람이었는데!
한 번도 그녀에게
내가 얼마나
사랑하는지
말하지도 못했는데!
나는 그녀에게 너무나
모자라고, 모자랐는데!
아아! 아아!

버지니아 울프는
《댈러웨이 부인》에서 이렇게 썼다.

셉티머스는 벽에서 그를 향해 웃고 있는 얼굴을 보았다.
그는 그것을 끔찍하고 역겨운 것이라 이름 지었다.

몸에는 아무런 이상이 없어요.

그렇기에 더욱
변명의 여지가 없었다.
그의 몸에는 그 어떠한
이상도 없었다.
인간성이 그에게 사형을
선고한 죄목, 아무런
감정도 느낄 수 없다는
것을 제외하고는.
에반스가 전사했을 때조차
그는 그 어떤 느낌도
들지 않았다.

네 어머니가 돌아가셨는데도,
너는 아무것도 느끼지도 못하지!
너는 쓸모가 없어, 준햄!

아아아, 아아아, 아, 아아아아…

넌 정상이 아니야!
넌 감정도 없어.
뷔지니아, 넌 너무 끔찍해!

외투 입어, 지니아.
시턴 박사님에게
갈 거야.

응, 스텔라.

걱정하지 마.
그분은 너를 도와주실 거야.

맥박이 146이네요….
약간 긴장 상태예요.

건강에는
아무 이상이 없어요.
당신의 여동생에게 필요한 건
안정이에요, 덕워스 양.

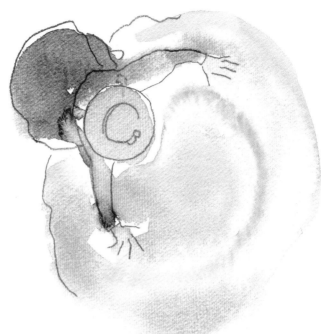

버지니아 울프는 《파도》에서 이렇게 썼다.

나는 웅덩이 앞에 왔어,
로다가 말했다.
나는 넘을 수가 없었어.
나는 나 자신에게 그 어떤 것도
느낄 수가 없었어.
우리는 아니야,
나는 이렇게 말하고 쓰러졌다.

나는 마치 터널로 빨려 들어간
깃털처럼 이리저리 떠다녔다.

그러다 고통에 가득한 상태로
다시 돌아왔다.

나는 창백한 시체 같은
회색빛 웅덩이에 내 몸을 다시 던졌다.
이것이 바로, 내가 나를 헌신하는 인생인 것이다.

너희도 이제 머지않아 사교 무대에 나갈 만큼 나이가 들었구나, 그렇지?

훌륭한 우리 조지가 늘 너희 곁에 있을 거야.

설탕 두 개죠, 메리 이모?

너와 스텔라 같은 불쌍한 고아들이 여기서 지낼 수 있게 된 게 얼마나 행운이니!

버네사! 버지니아! 내가 전에도 말했지!

너희 오빠들에게 감사해야 해! 그런 태도 말고!

실제로 조지는
어린 이부 여동생들을
몹시 아껴주었다.

버네사는 열다섯 살,
버지니아는 열세 살,
조지는 스물일곱이었다.

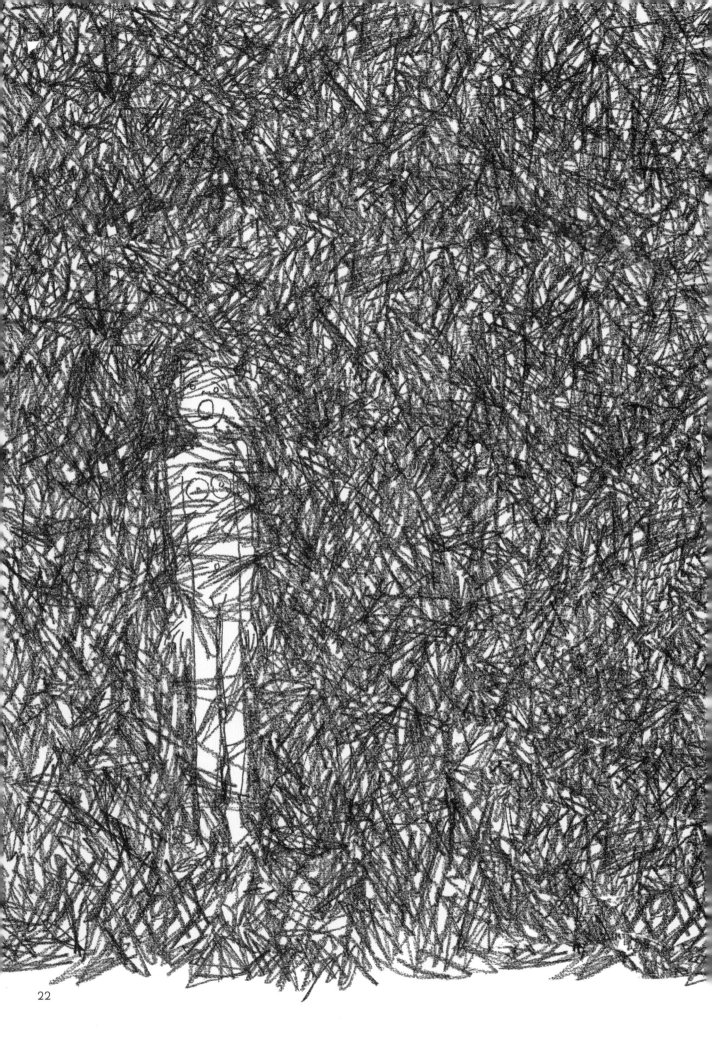

지니아, 거기 버터 좀 주겠니?

잭 힐스는
아주 오랜 시간 동안
스텔라에게
구애했다.

잭과 스텔라는
버지니아에게 진정한
사랑의 표본이었다.

스텔라,
언니와 잭의 사랑은
너무 멋져!

아니야,
그냥 평범한
것일 뿐이야.
너도 경험해볼 날이
곧 올 거야.

스텔라 덕워스와 잭 힐스는
1897년 3월 28일에 결혼했다.

우리가 돌아오면
바로 옆집에 살 거야.
나는 항상 네 옆에 있을 거야!

뭐라고? 그래그래.
내가 잘해야지,
나는 이미 익숙한 일이니까.

스텔라 없이도
난 잘 지낼 수 있어.
스텔라도 마찬가지겠지.

스텔라는 1897년 6월 19일에 세상을 떠났다.

에이드리언! 또 모자를 잊었잖아!

이번엔 어느 숙녀분일까? 알아, 조지. 여러 번 말했어.

내가 이미 말했잖아. 나는 토요일에 방문할 곳이…

버지니아 스티븐은 《출항》에서 이렇게 썼다.

소녀는 소년보다 외로웠다. 그 누구도 그녀가 무엇을 하는지 신경 쓰지 않았다…. 그녀에게 무언가를 기대하는 사람은 아무도 없었다.

버지니아가 열다섯 살이 되었을 때, 그녀 스스로 책을 고르는 것이 허락되었다.

그녀는 반년 동안 스물네 권의 책을 읽었고, 네 권을 동시에 읽기도 했다.

토머스 매콜리, 찰스 램, 새뮤얼 피프스, 미셸 드 몽테뉴, 윌리엄 새커리, 리처드 해클루트….

진! 지니아! 버지—니아!

에… 어? 버네사?

아까부터 계속 불렀어! 아버지께 청구서를 갖다 드려야 해. 나랑 같이 갈까?

아… 아냐, 싫어.

이번 달 청구서예요,
아버지.

이건 말도 안 돼! 이게 우유 청구서라니!

그리고 세탁비!
도대체 이게 다 얼마냐!

엉망진창이야!
이러다가는 빈털터리로
망할 것이 틀림없어!
맙소사, 비참하구나!

나를 위로해줄 말은 없니?

여기, 수표를 가져가거라.
너는 정말 냉정하고
인정머리도 없구나!

나는 엄마나
스텔라처럼 되지
않을 거야!

바람 좀
쐬어야겠어!
버지니아,
나가자!

나는 "집안의 천사"가
되지 않을 거야! 내가
쓰러져 죽을 때까지
다른 사람들을 위해 그렇게
살 수는 없어!

산책을 하면서
버네사와 버지니아는
미래에 대한 계획을
세웠다.

우리는 우리의 길을
찾아야만 해!

하지만 우리는 학교도
다닐 수 없잖아….

난 화가가
될 거야!

난 작가가
될 거야!

우리는
자유로워질 거야!

버지니아 울프는
《등대로》에서 이렇게 썼다.

아버지는 여전히 책을 읽었다.
제임스는 그런 아버지를, 캠은
그런 제임스를 바라보았다.
그리고 그들은 맹세했다.
죽을 때까지 아버지의 폭압에
맞서 싸울 것이라고.

1899년. 버지니아 스티븐은
열일곱 살이었다.
그녀는 킹스칼리지에서
그리스어 수업을 듣게 되었고,
더 나은 선생님도 만났다.
바로 재닛 케이스였다.

글쎄,
버지니아.
틀린 것은
아니에요.

조지는 여전히 거기에 있었다.

귀여운 내 여동생,
뭐 하고 있니?

하지만 추측이
아니라 정확하게
번역해야 해요.

저리 가!
이 역겨운 인간아!

재닛 케이스와 버지니아 울프의 우정은 평생 동안 지속되었다.

버네사와 버지니아는 숙녀로서 갖춰야 할 것들을 배웠다.
둘은 차를 대접하는 법, 대화를 나누는 법, 그 누구라도 자신이 진심으로 환영받고
따뜻한 관심을 받는다고 느낄 수 있게 미소 짓는 법을 익혀야 했다.
하지만 둘 다 거기에는 재능이 없었다.

그리고 매지 시먼즈가
그녀의 세계로
들어왔다. 열정적이고
독창적이면서도 자기
글을 쓰는 여성이었다.
버지니아는 충격을
받았다.

매지가 지금,
바로 이 순간에
우리랑 같은 지붕
아래에 있어.

4년 후 매지 시먼즈는
결혼했고, 학교 교장의
충실하고도 지루한 아내로
변해버렸다.

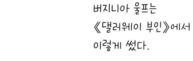

버지니아 울프는
《댈러웨이 부인》에서
이렇게 썼다.

그녀의 영향력은 대단한
것이었다. 그녀의 재능과
성격 역시도.

정말로, 그녀는
사람들을 놀라게 했다.

클라리사는 "지금 그녀가
이 지붕 아래에 있어…"라고
자신이 큰 소리로 외쳤던 것을
떠올렸다.

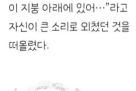

그 모든 것에도 불구하고
그것은 사랑이 아니었을까?

그들은 자리에 앉아,
몇 시간이고 인생과 세상을
어떻게 바꿀 것인지를 이야기하곤 했다.

31

버지니아의 유년 시절, 그녀와 그녀의 남동생 토비는 셰익스피어와 그리스 고전이라는 연결 고리가 있었고 서로 의견을 나눌 수 있었다.

그곳에서 그녀는 동생의 친구들을 알게 되었다. 리턴 스트레이치, 레너드 울프, 클라이브 벨, 색슨 시드니터너였다.

그들은 케임브리지 사도에 속한 엘리트 지식 그룹이었다. 철학자 G.E. 무어에 대한 동경이 그들을 하나로 묶어주었다.

하지만 1902년을 전후로 토비는 케임브리지에 있었다.

그들은 곧 버네사와 함께 블룸즈버리 그룹을 만들고 그 핵심이 될 터였다.

버지니아 스티븐은 토비에게 보낸 편지에 이렇게 썼다.

나는 지금 그 누구와도 이야기를 나눌 수가 없어서 너무 부족함을 느끼고 있어.

매일 저녁 여러 사람들과 함께 어울릴 때 배울 수 있는 것을 꼭 배우라고 당부하고 싶단다. 나는 벽난로 앞에 앉아 파이프 담배를 피우며 외롭고 힘들게 책에서 이삭을 줍고 있어.

내 지식이 이렇게나 빈약한 것은 놀랄 일도 아니야. 대화보다 더 좋은 가르침은 없어.

그녀는 여전히 하이드파크 게이트 22번가에 살고 있었다.

그는 너무 지루하군!

이 사람들은 대체 언제 돌아가니?

1903년, 레슬리 스티븐은 심각한 병에 걸렸다.

반드시 수술해야 해요!

아니죠, 아닙니다. 그건 너무 일러요, 동료 양반!

그러는 사이 조지는 버네사를 먼저,
다음에는 버지니아를 사교 무대에 데려갔다.

버지니아 울프는
《파도》에서 이렇게 썼다.

나는 커튼을 걷어 올렸어.
로다가 말했다.
그리고 달을 바라보았어.
문이 열리면 호랑이가
뛰쳐나올 거야.

문이 열리자 공포가 덮쳐온다.
사냥을 당할지도 모른다는 두려움.
나는 내가 멀리멀리 숨겨두었던
보물을 남몰래 찾으러 갈 거야.
제비의 날개를 달빛으로 물들이며,
달은 푸른 바다 위를 외롭게 미끄러져 갔다.

나는 여기 우스꽝스럽고,
끔찍하게 어울리지 않는 몸을 불태우며
서서 제비가 날개를 담그곤 하는
세상 반대편의 연못과
그 대리석 기둥을 그리워하곤 해.

다시 집으로 돌아오면 조지는 그녀가 잠드는 것을 도왔다.

이 시기 그녀는 스텔라의 친구였던 바이얼릿 디킨슨을 만났다.
키가 컸던 그녀는 어머니와 같은 인자한 마음으로
버지니아의 예민함을 이해하고 존중해주었다.
버지니아 스티븐은 그녀를 사랑했고
그녀에게 보낸 편지에는 많은 애칭이 담겨 있었다.

언니는 작은 캥거루가
들어갈 주머니가 있는
나만의 캥거루예요!

나는 언니의
작고 보드라운
캥거루니까요!

나의 위대한 공주님!

나의 신성한 수호자!

나의 장군님!

버지니아 울프는
《세월》에서 이렇게 썼다.

그녀는 자신의 어머니가 죽기만을 간절히 기다리고 있었다.
거기서 그녀의 어머니는 ― 잠든 채 쓰러져 있지만 영원히
지속될 것만 같은 모습으로 ― 자신의 세상에 누워 있었다.
그것은 모든 생명에 대한 장애와 실패, 방해물이었다.

레슬리 스티븐은 1904년 1월 사망하기까지
14개월 동안 병상에 있었다.
울부짖는 숙모들의 합창이 다시 한번
집 안을 가득 채웠다.

장례식이 끝난 뒤 스티븐 형제자매들은
유럽 여행을 떠났다.

파리에서 그들은 클라이브 벨을 만났다.
그리고 그곳에서 자유를 향한 첫발을
내디뎠다.

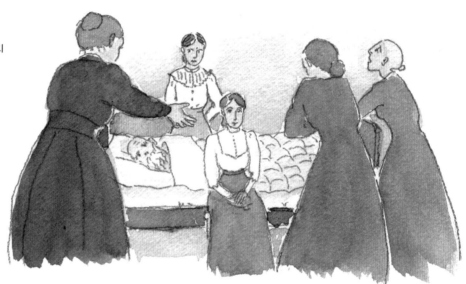

그들이 로댕의 아틀리에를
방문했을 때, 버네사는
너무나 즐거워했지만
버지니아는 지루함을 느꼈다.

버네사가
자유를 즐기는 동안
버지니아는 자책감에
시달리고 있었다.
다시 영국으로 돌아온 뒤,
버지니아는 한동안
끔찍한 두통을 겪었다.
게다가 버네사와
큰 소리를 지르며
싸우는 일도 계속되었다.

그녀는 바이얼릿
디킨슨에게 편지로
이렇게 썼다.

나는 아버지의 외로움,
그리고 내가 아버지를
도울 수 있었음에도
그러지 않았다는 사실을
견딜 수가 없어요.

끔찍한 사실은,
내가 지난 몇 년간
아버지를 위해 최선을
다하지 않았다는 것이에요.
아버지는 너무 자주
혼자였고, 나는 아버지를
위해 할 수 있는 일이
있었지만 한 번도 그러지
않았어요.

그 사실을 나는
견딜 수가 없어요!

바이얼릿 디킨슨은
그녀를 자신의 집으로 데려가,
간호사를 고용해 그녀를 돌보게 했다.

버지니아 울프는
《댈러웨이 부인》에서
이렇게 썼다.

인간은 어떤 나무도
베어서는 안 된다.
거기에는 신이 존재한다.
(셉티머스는 이러한 계시를
봉투 뒷면에 적어두었다.)

맞은편 난간 위의 참새가
짹짹거리는 소리
"셉티머스, 셉티머스"
그리고 이어서 그리스어로 부르는
밝은 노랫소리들.

건너편 나무의 참새들이 "범죄는 없다"라고, 죽은 자들이 거니는
강 너머 저편의 또 다른 참새가 "죽음은 없다"라고 지저귀었다.

이것 좀 보세요,
스티븐 양!
꽃이에요!

숨을 깊게 들이마시세요,
스티븐 양!

새소리가…
들려요?

네,
새소리가
참 아름답죠?

이건… 여기…
에드워드 국왕!

오, 귀여운 아가씨. 그대에게 내 모든…

ÉσθλÓς, ÉπεΙ οὐ μÉνΤΙ ΚαΟΙγνÓΤΟΙΟ ΧΕΡΕΙων
γÍνΕΤαΙ, Öς ΚΕν ÉΤαîΡΟς Éὼν πΕπνυμÉνα Εἰδῆ3

θΕΟπΕΟÍη ΙαΧῆ· ÉμÉ δÉ,
ΧλωΡÒν δÉΟς ῆΡΕΙ

36

이 사람들은 악마야! 전부 괴물이야!

너는 어떻게 해도 살 가치가 없어! 뛰어내려! 뛰어내려!

그녀가 다시
회복하는 데에는
몇 달이 걸렸다.

그녀는 버네사와
화해했다.

9월에 버지니아는
〈가디언〉에 실릴 기사를 썼다.
그뿐만 아니라 레슬리 스티븐의
전기를 펴내는 작업에도
참여했다.

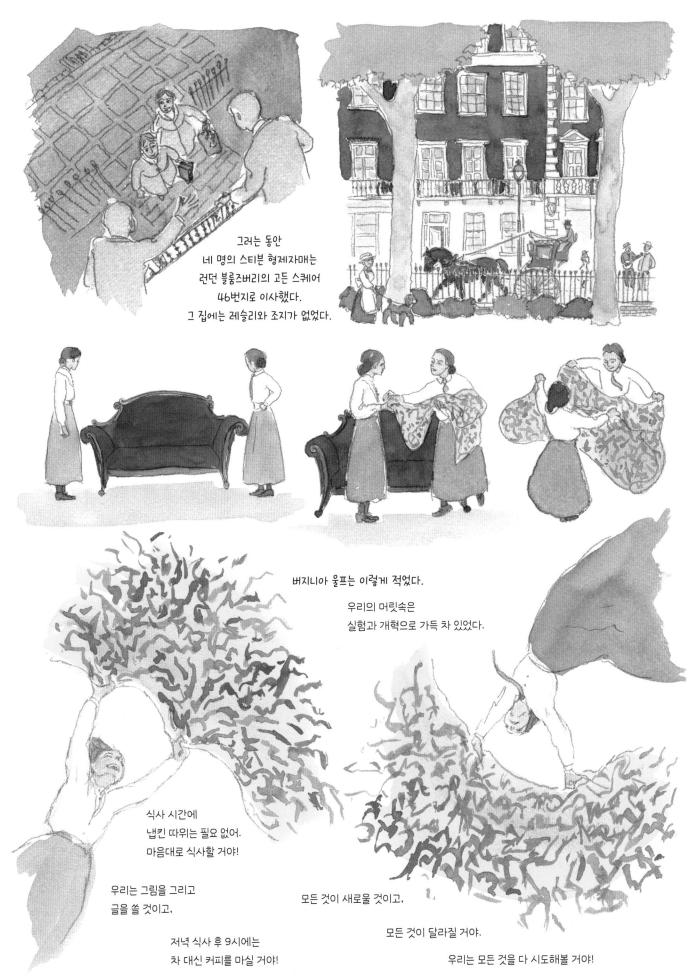

그러는 동안
네 명의 스티븐 형제자매는
런던 블룸즈버리의 고든 스퀘어
46번지로 이사했다.
그 집에는 레슬리와 조지가 없었다.

버지니아 울프는 이렇게 적었다.

우리의 머릿속은
실험과 개혁으로 가득 차 있었다.

식사 시간에
냅킨 따위는 필요 없어.
마음대로 식사할 거야!

우리는 그림을 그리고
글을 쓸 것이고,

저녁 식사 후 9시에는
차 대신 커피를 마실 거야!

모든 것이 새로울 것이고,

모든 것이 달라질 거야.

우리는 모든 것을 다 시도해볼 거야!

버지니아 울프는
《벽 위에 난 자국》에서
이렇게 썼다.

이러한 현실, 일요일의 점심 식사와
일요일의 산책, 시골의 별장과 식탁보 같은
사실적인 것들이 완전히 사실적인 것이 아니라
절반은 환영이라는 사실을 알게 되는 것은
얼마나 충격적이고 또 얼마나 놀라운 일인가.
그런 사실을 믿지 않는 사람들에게 내려지는
저주는 부당한 자유의 감각에 불과하다.

매주 목요일에는 케임브리지에서 토비의 친구들이
방문했다. 그들은 지적이고 철학적인 대화를
나누었다. 할 이야기가 없을 때는 조용히 파이프
담배를 피우며 생각에 잠기고는 했다.

버네사와 버지니아는 처음에는
그들에게 깊은 인상을 받았지만,
한편으로는 겁을 먹기도 했다.
하지만 그것은 곧 바뀌었다.

이렇게 나중에
블룸즈버리 그룹으로 불린
모임이 시작되었다.
어떠한 규칙이나
자격, 선언이 없는
친구들의 모임이었다.

고든 스퀘어 46번지의 버네사와 토비, 버지니아와 에이드리언 스티븐은 전기 작가인 리턴 스트레이치,
작가이자 음악가인 색슨 시드니터너, 화가인 클라이브 벨, 작가 E.M. 포스터,
경제학자인 존 케인스와 다른 여러 명을 만나 친분을 쌓았다.

1905년, 버지니아 스티븐은
〈가디언〉, 〈내셔널 리뷰〉,
〈타임스 리터러리 서플리먼트〉 등에
리뷰와 에세이를 쓰기 시작했다.
그녀는 레슬리 스티븐의 딸이었기 때문에
이러한 일을 시작하는 것은
그다지 어렵지 않았다.

버지니아 스티븐은
매지 본에게 이렇게 썼다.

사랑하는 매지,
나는 다른 것은 할 수 없어요.
나는 그냥 써야만 해요.
그 외에는 다른 방법도,
더 이상 할 말도 없어요.

기억하렴, 내 딸.
여성은 매력적이고 부드럽고
공손해야만 한단다.

버지니아 스티븐은
헨리 제임스의
《황금 주발》에 대해
비판적인 평론을 썼다.

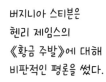

사람들은 아주
독특한 유령으로
남아 있다!

그녀에게도 역시
자신을 따라다니는
유령이 있었다.
'집안의 천사'는
여전히 그들을
지배하고
있었다.

사랑하는 바이얼릿,
내 커다란 캥거루,
정말 내가 글을 쓸 수 있다고
확신해요?

나는 언젠가
책 한 페이지를 활활
불태워버릴 그런 글을
쓰게 될 거예요!

1905년부터 1907년까지
그녀는 노동자를 위한
야간 학교인 몰리칼리지에서
매주 저녁 강의를 했다.

버지니아 스티븐은 일기에 이렇게 썼다.

때때로 그들이 무엇인가를 듣고
입을 떡 벌리는 모습은,
단지 너무 놀라서만이 아니라,
들은 것들을 종합하려는 것처럼 보이기도 한다.
연결해서 생각해야 하기 때문일 것이다.

그들 대부분은 내가 생각했던 것보다
훨씬 높은 지적 능력을 지니고 있었다.
이러한 지적인 교육을 받은 적이
거의 없었는데도 말이다.

이렇게 해도 될까요,
스티븐 양….

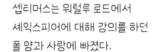

버지니아 울프는
《댈러웨이 부인》에서
이렇게 썼다.

셉티머스는 워털루 로드에서
셰익스피어에 대해 강의를 하던
폴 양과 사랑에 빠졌다.

셉티머스는 폴 양이
너무도 아름답고
또 현명하다고 생각했다.
그는 그녀에 대한 꿈을 꾸었다….

"꽃이 피었군."
그를 봤다면
아마 정원사는
틀림없이 이렇게
말했을 것이다.

… 그는 그녀를 위한 시를 썼지만,
그녀는 그 주제를 무시하고
빨간 펜으로 그것을 고쳤다….

1906년, 에이드리언, 버지니아,
토비, 버네사와 바이얼릿 디킨슨은
그리스로 여행을 떠났다.

버지니아 울프는
《제이콥의 방》에서 이렇게 썼다.

"어쩌면", 제이콥이 말했다.
"그리스인들이 하려 했던 것을
진정으로 아는 사람은 이 세상에
우리뿐일 겁니다."

그들은 훌륭한 승리자들이었죠.
문화는 마치 수확되기를
기다리는 꽃들처럼
그들 주변에 활짝
피어 있었어요.
세월이 항해를
떠나려 하는 파도처럼
그들의 발 아래에서
일렁이고 있었죠.

도중에 버네사는
큰 병에 걸려 여행을
계속할 수 없었고,
토비는 동생들을 두고
여행을 계속했다가
먼저 집으로 돌아갔다.
남은 사람들은 호텔에서
2주를 보내고 나서야
떠날 수 있었다.

토비는 이미
런던에 도착해 있었다.
동생들은 그에게 열이 있다는
것을 알아차렸다.

클라이브 벨이 버네사를 찾아와
그녀를 몹시 걱정했다.

그가 장티푸스에
걸렸다는 사실은
너무 늦게 밝혀졌다.

버지니아 울프는
《파도》에서 이렇게 썼다.

그러니 그것은 이제
퍼시벌을 더 이상 볼 수 없는
세계다. 나는 그리웠다.

줄리언 토비 스티븐은
1906년 11월 20일에
사망했다.
스물여섯 살이었다.

그러니까, 기계는 계속 움직이고 있었고 나는 그 규칙적 리듬을
알 수 있었다. 하지만 나는 더 이상 작동시키지 않을 것이다.
그가 보지 않기 때문이다.

그를 만났을 때 느꼈던 내 감정은,
그가 바로 그 중심이라는 것이었다. 이제 나는 이곳에
더 이상 오지 않을 것이다. 이곳은 비어 있다.

토비가 죽은 지 이틀 후,
클라이브 벨과
버네사 스티븐은
약혼했다.

이제 전부 끝이야.
앞으로 다시는 당신들을 따로
만나지 않을 거야.

아무리 시간이 걸리더라도
당신들을 꼭 갈라놓겠어.

얘야, 우리 버지니아,
너도 이제 결혼할 나이가
됐구나.

너희 어머니는 네 나이였을 때…

1907년,
클라이브와 버네사가 결혼한 뒤
버지니아와 에이드리언 스티븐은
함께 이사했다. 그들의 사이는
최악이었다.

그런데도
피츠로이 스퀘어 29번지에
있는 그들의 집은 블룸즈버리의
새로운 아지트가 되었다.

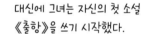

대신에 그녀는 자신의 첫 소설
《출항》을 쓰기 시작했다.

리턴 스트레이치와
색슨 시드니터너가
에이드리언과 버지니아의
집으로 왔고
버네사와 클라이브도
함께 오곤 했다.
금요일 밤 이곳에서는
예술가들의 밤이 열리곤 했다.
화가인 로저 프라이와
스트레이치의 사촌인
덩컨 그랜트도
새로 합류했다.

1908년 2월 14일 줄리언 벨이 태어났다.

클라이브와 버지니아는 버네사에게 무시당한다고 느꼈다. 둘은 아기에게 빼앗긴 버네사의 관심을 끌기 위해 연극을 하고는 했다.

아기에 대해 가장 흥미로운 점이 무엇인지 이해할 수 있겠어?

1909년, 리턴 스트레이치와 버지니아 스티븐은 서로를 온전히 이해하는 사이가 되었다.

버지니아, 당신은 내가 아는 가장 지적이고 유머가 넘치는 여성이에요. 나와 결혼해주겠소?

좋아요, 리턴. 그러겠어요.

그는 곧바로 후회했다.

리턴은 남자를 사랑했다. 그는 버지니아와 입맞춤하는 것조차 상상할 수 없었다.

버지니아, 나는 지금 엉망진창이오. 나를 용서해주겠소?

다음 날 그는 약혼을 취소했다.

가장 중요한 사실은 우리가 여전히 서로를 좋아한다는 거예요.

버지니아 울프는 20년 뒤에 일기에 이렇게 썼다.

만약 리턴과 결혼했더라면, 나는 아무것도 쓰지 못했을 것이다…. 그는 정말 괴팍스러운 방법으로 상대를 억압하고 통제했다.

1909년부터 오톨린 모렐 부인과
그녀의 연인이자 화가인 아우구스투스 존,
그리고 역시 화가인 헨리 램을
벨의 집에서 만났다.

새로운 자유는 더 이상
저녁 식사 때 냅킨을 쓰지 않는
것만을 의미하지 않았다.
바이얼릿 디킨슨 같은
옛 친구들과는 멀어졌다.

버지니아 스티븐은
대화에는 적극적이었지만
성적으로는 언제나
뒤로 물러나 있었다.

1910년 2월 10일 드레드노트 사기극.*
H.M.S. 드레드노트 함선은 영국 왕립 해군이 보유한
가장 최신 함선이었다. 모든 함선 중 가장 유명한 배였다.

여보세요, 호러스?
나 에이드리언이야!
버지니아와 덩컨도 같이 있어!

외무부에서 온
전보?

아비시니아 왕자와
그 사절단이 드레드노트를
방문하고 싶어 한다.

국가(國歌)는?

50분 내로
기차역에 도착할
것이다!

붉은 카펫은?

아비시니아
국기가 있나?

왕자 일행과 그 수행원들.
가장 왼쪽이 버지니아 스티븐.

그들은 법을 어기지는 않았지만…
해군의 명예를 실추시켰다.

나를 집 밖으로
끌고 가더니
두 명이 지팡이로
때렸어.

맙소사, 덩컨!
그래서 그 사람들의 명예가
회복된 거야?

표면적으로는.

남성의 명예, 금칠이라도 한 것 같은
남성들의 오만함은 삶이 끝날 때까지
그녀를 사로잡았던 주제다.

*블룸즈버리 그룹을 유명하게 만든 사건. 그들은 가상의 국가 '아비시니아'의 왕자를 사칭해 당시 영국 해군의 자랑이었던
'드레드노트'를 방문했다. 조작된 전보와 어설프게 분장한 그들에게 속은 해군은 예의를 갖춰 그들을 함선으로 안내했다.
작전이 성공하자 그들은 배에서 찍은 사진을 신문사에 보내 이 사실을 알렸고 해군은 공개적인 망신을 당했다.

1910년 3월. 버지니아 스티븐은
그녀의 첫 번째 소설 《출항》을 거의 마무리하고 있었다.

별로야!

훌륭하지 않아!

완전히
별로라고!

아예
처음부터 다시
써야겠어!

네가 쓰는 주제는…

젊은 여자가 다루기에는 부적절한 것이야!

단순히 안정을
취하면 되는
문제예요….

부끄러워! 정말 수치스러워!

도통 먹지
않는구나, 염소야!
대체 왜 그러는
거니?

새비지 박사는 트위크넘에 위치한,
정신적으로 문제가 있는 여성들을 위해 그가 만든
사설 요양소인 벌리파크에서 지낼 것을 권유했다.

친애하는
스티븐 양…

주님이 당신을 위해
어떤 계획을 가지고
계실지도 모릅니다.

버지니아 스티븐은
버네사에게 보내는 편지에
이렇게 썼다.

언니는 내가 지금 얼마나
지적인 대화를 그리워하는지
상상하지도 못할 거야. 특히
언니와 하는 그 대화를!
나는 이곳에서 먹고 마시다가
어둠 속에 영원히
갇히게 될 거야.

… 그저 안정을,
안정을 취해야
해요. 침대에서
오랫동안.

버지니아 울프는
《댈러웨이 부인》에서
이렇게 썼다.

당신이 넘어지면,
인간의 본성이 당신을 따른다.
고문과 엄지 나사*가
적용될 것이다.
인간의 본성은 무자비하다.

건강 회복을 위해 침상에서
안정을 취하라는 처방이 내려졌다.

고독한 휴식, 침묵과 평온.

"친구와 만나서도 안 됩니다. 책도 안 돼요.
그 어떤 연락도 하지 말고 휴식을 취하세요."

*엄지손가락을 나사가 있는 쇠막대에 끼워 고문하는 도구.

이 시련의 6주를 보낸 다음 버지니아 스티븐은 그랜트체스터라는 시골에서 회복하는 중이었다. 그녀는 자연 속에서 단순한 삶을 사는 친구들을 만나러 다녔다.

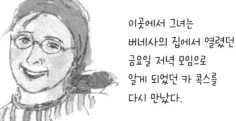

이곳에서 그녀는 버네사의 집에서 열렸던 금요일 저녁 모임으로 알게 되었던 카 콕스를 다시 만났다.

버지니아가 나중에 '네오파간'이라 불렀던 사람들의 중심에는 젊은 시인인 루퍼트 브룩이 있었다.

그와 함께 달빛 아래에서 알몸으로 목욕을 하는 것은 해방감을 느끼게 하는 경험이었다. 그녀의 부모 세대가 살았던 빅토리아 시대의 가치는 점점 멀어지고 있었다.

1911년 6월. 레너드 울프는 그사이에 둘째 아들 쿠엔틴을 낳은 버네사와 클라이브 벨을 방문 중이었다.

하지만 색은 분명히 존재하는 것이에요!

만약 내가 이 붉은 포도주를 어두워서 아무도 볼 수 없는 선반에 넣어두면, 그건 여전히 붉은색인 걸까요?

색깔이라는 것을 어떻게 정의하느냐에 달려 있죠. 그러니 우리의 눈이 인식하고 우리의 생각이 이해하는 대로….

… 아니면 어떤 특정한 방식으로 빛을 반사하는 포도주의 속성에 따라 말이죠.

레너드는 1904년에 이미 토비 주변의 모임에 속해 있었다. 그는 10만 명이 거주하는 실론(스리랑카) 정부 차관직에서 1년간의 휴가를 받아 막 영국으로 돌아온 참이었다.

레너드 울프와 버지니아 스티븐은
그해 여름에 자주 만났다.
피츠로이 스퀘어에서, 벨의 집에서,
발레를 보러 가거나
오페라를 보러 가기도 했다.

에이드리언과 버지니아 스티븐이 임대한 피츠로이
스퀘어가에 있는 주택의 임대 기간이 끝났다.

1911년 11월에 그들은 브런즈윅 스퀘어
38번가에 있는 집을 빌렸다.

다시는 너랑
단둘이 살지
않을 거야!

나라고 너랑
살고 싶었는지
알아?

그들은 다른
세입자를
찾기로 했다.

그곳에는 그들 외에도
화가인 덩컨 그랜트와…

… 경제학자인
존 메이너드 케인스…

… 그리고 12월에는
레너드 울프가 같이
살게 되었다.

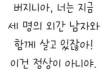

버지니아, 너는 지금
세 명의 외간 남자와
함께 살고 있잖아!
이건 정상이 아니야.

어머니가 계셨다면
허락하지 않았을 거야.

이건 절대 있을 수
없는 일이라고!

바로 옆에 조지가 사는
집을 두고 뭐 하는 짓이니!

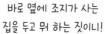

51

레너드와 버지니아는 서로 글을 주고받았다.
그가 오전에 "정글 속의 마을"이라고 쓰면
그녀는 다시 "떠나는 여정"이라고 썼다.

571!
산책하러
갈까요?

그들은 종종
오후를 함께
보냈다.

안녕, 레너드!
500단어?

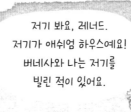

저기 봐요, 레너드.
저기가 애쉬엄 하우스예요!
버네사와 나는 저기를
빌린 적이 있어요.

곧 실론으로
돌아가야 한다는
생각은 레너드 울프를
견딜 수 없게 했다.

1912년 1월 11일.
그는 버지니아 스티븐에게
프러포즈하고 곧바로 다른 친구들
만나기 위해 여행에 나섰다.
그날 저녁, 그는 버지니아에게
편지를 썼다.

나는 그저 당신이
아름답기 때문에 당신을
사랑하는 것이 아니오.
당신의 영혼과 당신
그 자체를 사랑하는 것이오.

언젠가 당신이 나에게
사랑한다고 말할 수 있는 날이
오면 나에게 그렇게
말해주시오.

만약 당신이 나에게
오기를 원한다면, 나는 즉시
당신에게 갈 것이오.

나는 당신이
원하는 것은
전부 할 것이오.

한 달 후 버지니아는 치료를 계속하기 위해 벌리파크로 돌아가야만 했다.

미안해요, 그녀를 보러 가거나
편지를 보낼 수도 없어요.

휴가를
연장해야만
하겠군요!

버지니아는 레너드에게 편지를 썼다.

광기는 나를
그들의 왕으로
선택했어요.
거기에는 의심의
여지가 없어요.
나는 콘클라베*를
소집해 기독교에 관한
선언문을 낭독해요.

나는 지금 꼭 동물원에
있는 커다란 동물들처럼
고요하게 움직이는
느낌입니다.

당신은 이미 염소가
제정신이 아니라는 걸
알고 있잖아요!

4월에 버지니아 스티븐은 서식스 지방에
있는 애쉬엄에서 휴양 중이었다.
그녀의 친구 카 콕스가 그녀를 돌봤다.

내 생각에, 나는 지금
소설을 계속 쓰고 싶은 것
같아요!

우리가 결혼하는
것에 대해 어떻게
생각해요?

레너드는 종종 그녀를 보러 갔다.

버지니아 스티븐은
《출항》에서 이렇게 썼다.

그럼 우리가 결혼한다면 어떻게 될까요?
그건 대체 어떤 느낌일까요?

*교황을 뽑기 위해 추기경들이 모여 이야기를 나누는 폐쇄적이고 비밀스러운 회의.

나는 그에게 육체적으로 끌리지 않아….

나는 결혼을 내 직업으로 여기지는 않을 거야!

휴가를 더 이상 연장할 수 없소. 일을 그만둬야겠어.

나 때문에 당신 경력을 망치고 있어요!

서른 살에 아직 미혼, 아이도 없고, 게다가 미쳤고, 작가도 아니잖아.

5월 29일. 마침내 버지니아는 그에게 자신이 그를 사랑하고 있으며 결혼하고 싶다고 말할 수 있었다.

버지니아는 바이얼릿 디킨슨과 모든 친척에게 자신이 무일푼의 유대인과 결혼할 것이라고 편지를 썼다. 그리고 그녀가 가능하리라 생각했던 것보다 훨씬 더 행복할 것이라고도 썼다.

그들은 리턴 스트레이치에게 엽서를 보냈다. 그리고 둘은 "하! 하!"라고 서명했다.

나는 내 여동생에게 남자가 생기리라고는 상상도 못했어!

그들은 1912년 8월 10일 성 판크라스 동사무소에서 결혼했다. 친구들과 친척들을 초대해 아침 식사를 같이했다. 메리 이모가 초대되었고, 누가 봐도 빌린 옷을 입고 나타난 덩컨 그랜트는 격식을 갖춘 옷차림의 조지와 제럴드에게 중고 의류의 장점을 떠들어댔다. 버네사는 그사이에 로저 프라이와 사귀고 있었다. 클라이브는 자신의 길을 갔다. 덧붙여, 그는 그 누구도 자신만큼 버지니아를 사랑하고 이해할 수 없을 것이라 확신했다.

버지니아 스티븐은 《출항》에서 이렇게 썼다.

그건 가능한 일처럼 보인다. 나는 평생 당신을 사랑할 것이고 우리의 결혼 생활은 가장 행복하고 신나는 일이 될 것이다!

그들은 스페인과 프랑스, 이탈리아를 거치는 신혼여행을 떠나기 전에 애쉬엄 하우스에서 하룻밤을 보냈다.

버지니아 울프는 《유령의 집》에서 이렇게 썼다.

"우리는 여기서 잤어요." 그녀가 말했다. 남자가 이렇게 덧붙였다. "셀 수 없이 키스했죠."

"… 보세요, 곤히 잠들었어요." 그가 속삭였다. "저 사랑스러운 입술."

숨겨진 보물, 그것은 가슴속의 빛이었다.

버지니아 울프는 두 달에 걸친 신혼여행에 대해 버네사에게 편지에 이렇게 적었다.

우리는 원래 유목민이었던 것처럼 지냈어.

카 콕스에게는 이렇게 썼다.

사람들이 결혼과 동침에 대해 계속 강조하는 이유는 무엇일까요? 우리 친구들 중 몇몇은 순결을 잃고 나면 왜 그렇게 변하는 걸까요? 나는 진심으로, 사람들이 성적으로 너무 지나친 관심을 가진다고 생각해요.

55

울프 부부는 재산이 별로 많지 않았지만 버지니아는 상속을
받았기 때문에 안정적인 수입이 있었다. 그들은 런던의
작은 아파트로 이사를 했고, 버지니아는 태어나 처음으로
하녀 없이 생활했다….

레너드 울프는 그의 소설을 끝마쳤다.
그것은 피정복자의 관점에서
식민지화를 설명한 최초의 책이었다.
그는 그 책을 "V.W."에게 바쳤다.

식사하러
나갑시다.

버지니아는
1912년 12월부터
1913년 3월까지
자신의 소설
다섯 번째 버전을
타자로 쳤다.

제럴드 덕워스는 이제
출판 발행인이었다. 레너드는
3월 3일 그에게 원고를 가져갔다.

4월에 그녀는 자신의 책이
출판될 것이라는 소식을 들었다.

런던의 사교계…

5월과 6월에 그녀는
수정을 위해 교정본을 받아 들었다.

… 애쉬엄 하우스
북적이는 방문자들 …

… 차가운 편지에
담긴 자신의 글을 읽고 …

… 다시
런던으로의
초대 …

두통, 불면증, 거식증 같은
증상이 다시 나타나기 시작했다.

그녀는 다시
새비지 박사에게
상담을 받았다.

이건 그저 안정을
취하면 되는 문제예요….

곧 안정을 취하면
상태가 좋아질 겁니다….

버지니아는 8월 11일까지 벌리파크에 머물렀지만
그녀의 상태는 점점 나빠졌다.

보고 싶지만,
이게 최선이야….

나는 당신에게
가고 싶어….

이건 전부
내 잘못이야….

나는
정말 용감해….

버지니아 울프는
《파도》에서 이렇게 썼다.

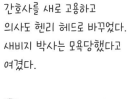

맙소사, 말로는 다 표현할 수
없을 만큼 역겨운 인생이여!
우리는 죽은 새의 시체를
입안에 쑤셔 넣는다.

간호사를 새로 고용하고
의사도 헨리 헤드로 바꾸었다.
새비지 박사는 모욕당했다고
여겼다.

울프 부부는
브런즈윅 스퀘어의
집에서
에이드리언 스티븐의
집으로 이사했다.

카 콕스가 그들을 돕기 위해 왔다.

버네사와 나는
새비지 박사를 보러
갈 겁니다.

아마 담당
수석 의사들에게
상담을 받을 수
있을 것 같아요.

여기는 내가
있을 테니,
얼른 가봐요.

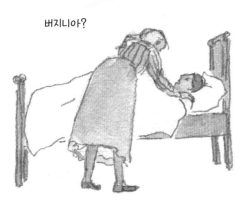

버지니아?

버지니아!
눈떠봐!
버지니아!!

1913년 9월 9일 늦은 오후, 버지니아는 베로날*을 과다 복용했다. 수석 의사 닥터 케인스와 버지니아의 자매들은 그녀를 살리기 위해 최선을 다했다.

다음 날 아침이 되어서야 겨우 의사들은 그녀가 깨어날 수 있을 것이라 말했다.

레너드와 버지니아는 서식스 지방에 있는 조지의 시골 별장인 다링그리지 산장에서 요양을 했다.

레너드는 버지니아가 규칙적으로 충분한 식사를 하고 잠을 자도록 엄격한 주의를 기울였다.

그는 이 시기에 정치적 활동을 시작했다. 처음에는 여성 협동조합에, 다음에는 사회주의 단체인 페이비언 협회에 참여했다.

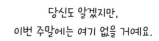

당신도 알겠지만, 이번 주말에는 여기 없을 거예요.

이건 내가 당신 곁을 지키지 못하는 동안에도 당신이 성실히 살아간다고 약속하는 계약서예요. 여기에 서명했으면 해요.

1914년이 시작되었다.

7월 28일, 제1차 세계대전이 발발했다. 버지니아는 다시 정상적인 삶으로 돌아가기 위해 노력하느라 바빴다.

1914년이 저물었다.

*당시 널리 쓰이던 수면제. 수면 효과는 좋지만 독성이 강해 정량을 지키지 않을 경우 위험하다.

1915년 1월. 울프 부부는 런던 근처의
조용한 마을인 리치먼드로 이사했다.
그들은 여관에 머물면서 임대할 만한
집을 찾았다.

주변도 조용하고,
그리고 큰…

우리가 직접
책을 출판해보는 건
어떻게 생각해요?

훌륭한
정원도
있죠!

호가스 하우스가 제일 괜찮아
보이는데, 어때요?

직접 인쇄기를 사서
사용법을 배울 수
있을 거예요.

버지니아가 서른셋이 되던 생일날, 그들은 미래에 대한
계획을 세웠다. 그러나 2월에 버지니아의
상태는 악화되었다.

어머니? 아니야,
이건… 나는 항상… 하지만
아버지… 이건 내….

네 명의 간호사가 고용되었다. 호가스 하우스로
이사했지만 상황은 나아지지 않았다.
버지니아는 자신이 사랑하는 사람
모두에게 분노를 쏟아냈다.

그들은 같은 집에 살고 있었지만,
레너드는 버지니아를 두 달 동안
만나지 못했다.

버지니아 울프의 첫 번째 소설인
《출항》이 출판되어 굉장한 호평을 받았다.
버지니아는 그 사실을 아주
한참 뒤에야 알게 되었다.

레너드…

나는 나의 작품이 그저 미친
사람의 꿈에 불과할 뿐이고
그 누구에게도 가치가 없는
것일까 봐 너무 두려워요….

버네사와 레너드 그리고 의사들은
버지니아가 아이를 가져서는 안 된다는
의견에 모두 동의했다.

1915년 11월, 마지막으로 한 명 남았던
간호사도 보낼 수 있게 되었다.

제1차 세계대전은 계속되고 있었다.
벨기에의 천둥 같은 대포 소리는 서식스까지 들려왔다.
레너드 울프는 선천적으로 손을 떠는 증상이 있었기 때문에 징집에서 제외되었다.

오톨린 모렐은 가싱턴 매너에
있는 수많은 친구들을
죽음에서 구해냈다.
그들을 자신의 농장에
반드시 필요한 일꾼이라며
등록한 것이다.
그곳에서 예술가와 작가들은
사회를 이루며 살았다.
그들은 아무것도 하지 않은 채
감사함을 갚아먹으며
살아갔다.

독일 체펠린*이
런던을 폭격했다.

버지니아는
《세월》에서 이렇게 썼다.

침묵은 깊어만 갔다.
아무것도 일어나지 않는다.
엘리너는 자신의
머리 위의 아치형으로
휘어진 네모난 천장을
바라보았다. 또 다른
대포 소리가 울렸다.
공기가 위로 치솟았다.
이번에는 바로 그들의
머리 위에 있었다.

저건 방어라기에는 지나쳐.

햄스테드

웨스트민스터 부둣가

바로
우리 위야.

이제 지나갔어.

이제 끝났어!

무슨 축배를
들까?

새로운 세계를
위하여!

*옛 독일의 큰 비행선. 수소 가스를 채운 커다란 풍선 모양의 둥근 비행선이다.

1916년 7월 버네사 벨은
그녀의 아이들인 줄리언과
쿠엔틴을 데리고
덩컨 그랜트와
데이비드 가넷과 함께
찰스턴으로 이사했다.
버네사는 덩컨을 사랑했고,
덩컨은 데이비드와 버네사를
사랑했다.
클라이브 벨은 메리 허친슨과
사귀고 있었다.
버네사와 클라이브는
친구로 남았다.

1916년 10월
버지니아와 레너드 울프는
마침내 인쇄기와
납 활자판을 구입했다.
그들은 조판과 인쇄하는
법을 배웠다.

너무 늦지는 말아요!

단 6.5킬로미터
떨어져 있는 애쉬엄과
찰스턴 사이를 그녀는
정기적으로 오고 갔다.

화가와 예술을
공부하는 학생들은
버네사의 집에서
덩컨과 데이비드를
만났다.

그들은 집 전체를 직접 꾸몄다.

오툴린 모렐은 버지니아를 만나기 위해 애쉬엄을 방문했다.

도라에게 좀 물어봐주세요! 우리 책을 위해서 목판을 제작해줄 수 있을까요?

도라 캐링턴은 지금 우리와 함께 있어…. 리턴이 어디에 있는지는 말 안 해도 알겠지….*

만약 레너드가 허락한다면 버지니아는 당신을 보러 가싱턴으로 올 수 있을 거예요. 하지만 레너드는 허락하지 않겠지.

우리가 대화를 막 시작하자마자 레너드가 방으로 들어왔어요. 얼마나 부담스럽던지!

그렇다고 그 사람에게 화를 낼 수도 없어요. 만약 그가 기분이 상하기라도 하면 나는 다시는 버지니아를 만나지 못할 테니까!

1917년 4월, 호가스 출판사는 총 134부를 발행한 첫 번째 책인 《두 이야기》를 출판했다. 여기에는 버지니아의 작품 《벽 위에 난 자국》과 레너드 울프가 쓴 《세 유대인》이 포함되어 있었다. 도라 캐링턴은 이 책을 위해 네 개의 목판화를 만들었다.

이제는 완전히 내가 원하는 대로 새롭게 만들 수 있게 되었어! 편집자나 출판사 없이도 내가 원하는 대로 할 수 있어요!

버지니아 울프는 새로운 소설을 집필하기 시작했다. 《밤과 낮》.

가을에 버지니아는 레너드에 이어 여성 협동조합에 참여했다. 버지니아는 호가스 하우스에서 매달 여성을 위한 다양한 주제로 강의를 주최했다.

*도라는 평생에 걸쳐 리턴 스트레이치를 사랑했다.

자신감에 가득 찬 새로운
젊은 여성 세대가 성장했다.
도라 캐링턴, 바버라 힐스,
도러시 브렛 같은 사람들이었다.
짧은 단발머리의 여성들은
버지니아가 그녀들을 그렇게 불렀듯이,
젊음을 상징하는 것이었다.
그녀들은 버지니아에게서 젊음이
멀어지는 것처럼 느끼게 했다.
버지니아는 당시 서른다섯이었다.

바지를 입는 것은
나에게 절대
불가능한 일이야.

1917년 2월, 버지니아 울프는
캐서린 맨스필드를 알게 되었다.

맙소사, 나는 언제나
버지니아 당신 같은 친구를
상상해왔어요.

당신처럼 글쓰기에
열정을 가진 사람을
만난다는 게 얼마나 힘든
일인지 생각해봐요!

1917년 7월 맨스필드의 작품
《서곡》은 호가스 출판사에서
발행되었다.

나는 서로를 이해한다고 느껴.
우리가 '같은' 사람이라는 이 낯선 느낌을.
나는 이런 사실을 그녀에게 말할 수 있어.

그녀는 아주 섬세해.
마치 도스토옙스키의 작품에 나오는
'결백'하지만 모욕당했던 여성들 중
한 명을 떠올리게 해.

휴, 그녀는 뭐랄까,
길 잃은 사향고양이처럼
여기저기 냄새를 풍기고 다녀.

캐서린 맨스필드와 버지니아 울프는 수년간 이해와 경쟁, 존경과 경멸이
뒤섞인 양면적인 우정을 나누었다.

1918년 이른 봄, 호가스 출판사는 제임스 조이스로부터
새로운 책 발간을 위한 원고를 받았다.
바로 《율리시스》였다.

조판할 활자는 충분해요?

붉은 녹색 호수. 고환을 바짝 올라붙게
만드는 바다. 에피 오이노파 폰톤.*

사람들은 그냥 이 내용을
단순하게 받아들이겠지.

그러나 결국 그들은 출판을 거절해야만 했다. 그들이 감당하기에는
너무나 방대한 분량이었고 게다가 모든 인쇄업자가 소설이 외설적이란 이유로
죄다 거절하는 바람에 인쇄해줄 사람을 찾을 수 없었기 때문이다.

1918년 11월 11일. 전쟁이 끝났다.
버지니아 울프는 《세월》에서 이렇게 썼다.

무슨 생각해, 엘리너?

그럼!
당연하지!

새로운 세상에서…
우리는 더 나아지리라
생각해?

하지만 어떻게 해야 우리는
더 나아질 수 있는 걸까….
어떻게 하면 더 나은 자연스러운
삶을 살아갈 수 있는 걸까….
어떻게 해야 하는 거지?

우리는 배워야 한다…. 영혼과
존재의 전부를 확장하고, 어떤 것이라도
받아들이며 새로운 것을 해야 한다.

이제 우리는
하나의 단단한 매듭으로
묶여서 살고 있다.
각각의 작은 세포에
갇힌 채.

1918년 크리스마스에
버네사는 셋째 아이인
앤젤리카 벨을 낳았다.
앤젤리카는 덩컨 그랜트의
딸이었다.

레너드의 형제인 세실이 폭격으로 사망했다.
예전에 버지니아와 함께 달빛을 즐겼던 시인 루퍼트 브룩 역시 숨졌다.

*붉은 포도주 빛 바다라는 뜻의 그리스어로 호메로스가 《오디세이아》에서 바다를 묘사한 말이다. 제임스 조이스 《율리시스》의 한 대목.

1919년 울프 부부는 그들이 빌렸던 애쉬엄 하우스를 강제로 비워줘야만 했다.

우리는 집에 집착하지 않을 거야.

다른 곳을 찾아보자.

바로 근처에서 그들은 우즈강 건너편에 있는 몽크스 하우스를 발견했다. 습하고 좁았지만 큰 정원이 딸린 집이었다.

그들은 오래된 물건들을 처분했다….

… 벽에는 새로 페인트칠을 했다.

정원 한쪽의 작은 집을 버지니아는 자신의 집필실로 꾸몄다.

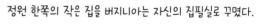

버네사와 덩컨은 자신들이 장식한 가구를 이곳에 가져다주었다.

서식스 지방의 동쪽에 있는 시골인 로드멜에 있는 몽크스 하우스는 그녀에게 피난처가 되어주었다.

1919년 10월 20일, 《밤과 낮》이
출간되었다. 제1차 세계대전을 배경으로
한 사랑과 행복, 결혼 그리고 성공에 관한
소설이었다.

"우리는 그것이
불가능하리라 생각했다…."

그녀는 나를
예민하고 지루한
늙은이처럼 보이게
만들었어!

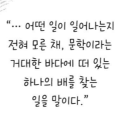

"… 어떤 일이 일어나는지
전혀 모른 채, 문학이라는
거대한 바다에 떠 있는
하나의 배를 찾는
일을 말이다."

캐서린이 내 소설에 관한
글을 썼어요!

1920년 버지니아 울프는
새로운 소설 《제이콥의 방》을
쓰기 시작했다.
그것은 자신의 오빠 토비가
살아갔던, 자신은 철저하게
배제되었던 학생으로서의 삶과
죽음에 이르기까지의 이야기였다.
이 소설에서 그녀는 새로운
표현 방식을 발견했다.

버지니아 울프는
《제이콥의 방》에서
이렇게 썼다.

그들은 방에서 무엇인가를
했지만 그저 팔을 휘젓고
몸을 움직이는 것만 볼 수
있었을 뿐이다.
논쟁을 하는 것인가?
무언가를 두고 내기를 했을까?
그런 것도 아니었을까?
황혼에 잠긴 방에서
이리저리 움직이던 모습과
내젓던 팔의 모습들은
무엇을 만들었을까?

몽크스 하우스에서의
조용한 생활과 광활한
초원 구릉을 따라 오래 걷는
산책, 그리고 정원 일은
버지니아에게
좋은 영향을 주었다.

1921년과 1922년은 몹시 피곤함을 느끼던 시기였다. 그녀는 또다시 책을 출판하는 것에 대한 두려움에 시달렸다.

그녀는 당시 다양한 잡지사에 기고했던 문학에 대한 에세이를 모으는 작업을 하고 있었다. 호가스 출판사에서 그것을 출판하기 위해 그녀는 모든 글을 무편집본으로 다시 썼다.

버지니아 울프는 《보통의 독자》에서 이렇게 썼다.

누군가 우리에게 지금 영국에 존재하는 우리들의 작품이 100년 뒤에도 남아 있을 것 같으냐고 묻는다면, 우리는 거기에 답할 수 없을 것이다. 그것은 단지 어떤 책들은 그럴 것이라는 사실에 동의하지 못해서이기도 하지만, 어떤 책들은 그 존재 자체에 대해 회의적이기 때문이다.

10월에는 《제이콥의 방》이 출간되었다. 그 작품은 비평가와 독자 모두에게 큰 성공을 거두었다.

호가스 출판사는 점점 번창했다. 출판사의 작가들에는 레너드와 버지니아 울프 외에도 T.S. 엘리엇과 캐서린 맨스필드 그리고 지그문트 프로이트가 있었다. 해야 할 일이 너무 많았기 때문에 그들은 인쇄 작업을 인쇄소에 넘겨야만 했다. 그들을 돕기 위해 랠프 패트리지가 출판사에서 일하게 되었다.

랠프 패트리지는 당시 《빅토리아 시대의 명사들》의 전기 작가로 유명세를 떨치고 있던 리턴 스트레이치와 화가인 도라 캐링턴과 함께 살았다. 리턴은 랠프를 사랑했으나 또 어찌 되었든 도라 역시 사랑했으며, 랠프는 도라를 사랑했으나 도라는 리턴을 사랑했다.

1922년 12월 14일.
울프 부부는 클라이브 벨을
통해 해럴드와
비타 니컬슨을 알게
되었다. 그녀는 성공한
작가였고 결혼 전 이름인
비타 색빌웨스트로
책을 발간했다.

저기 온다,
비타 색빌웨스트야!

남편
해럴드도
왔어.

알겠지만, 버네사… 그녀는
나와 맞는 스타일이 전혀 아니야.
너무 부담스럽고 콧수염도 길고,
너무 화려하고 귀족적이야….

해럴드,
나는 버지니아가 너무 좋아요!
당신도 좋아하게 될 거예요.
아마 버지니아의 매력과
개성에 취해 바닥에
쓰러져버릴걸요?

… 게다가
예술가의 정신도 없어.

근데 옷은 진짜
형편없이 입었어요.

울프 부부는 친구들과 버네사의 아이들과 함께
찰스턴 하우스에서 크리스마스를 보냈다.

줄리언!
나랑 춤추자!

뽀뽀, 앤젤리카!

이러한 순간들은
버지니아에게
특별한 사실을
깨닫게 해주었다.
버네사가 무엇을
가지고 있고, 자신은
무엇을 가지고 있지
않은지를 말이다.

1923년 1월 11일, 버지니아는 비타를
식사에 초대했다.

나는 당신을
위해 뭔가를
쓰고 싶어!

놀 하우스*와 색빌 가문에
대해 네가 쓴 글을 읽었어.
아주 재미있었어.

얼마 지나지 않아 캐서린 맨스필드가
결핵으로 사망했다.
그녀의 나이 서른넷이었다.

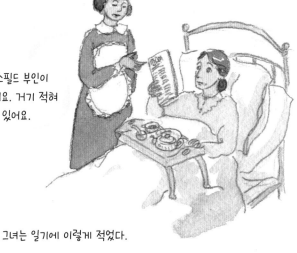

맨스필드 부인이
죽었어요. 거기 적혀
있어요.

버지니아는 소설 《댈러웨이 부인》을
집필하기 시작했다. 등장인물인
셉티머스 스미스를 위해 그녀는
한동안 자신의 광기를 되짚었다.

그녀는 일기에 이렇게 적었다.

글을 쓰는 것이 무의미하게 느껴진다.
캐서린은 더 이상 글을 읽을 수 없다.
캐서린은 더 이상 내 라이벌이 아니다.

3월에 울프 부부는
니컬슨 부부를 다시
만났다.

음… 올해는
날씨가
정말 좋군요.

음… 그렇군요. G.E. 무어의
작품에 대해 알고 있나요?

자연주의 오류에 대한 그의 견해는요?
그러니까 그 '좋다'라는 말은…

아무튼
반가워요,
니컬슨 씨.

블룸즈버리의 지적인 대화는 니컬슨 부부와는 맞지 않았다.

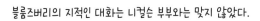

*Knole House, 비타가 어린 시절을 보낸 집.
남자 형제가 없었던 비타는 아버지가 사망하자
당시 전통에 따라 자신이 살던 집을 남자 사촌들에게 빼앗겼다.

버지니아 울프의
소설은 인기를 끌었고,
이제 그녀는 거의
유명인사에
가까웠다.

마침내 레너드와 버지니아는
다시 휴가를 떠났다.

버네사의 아이들은 이모의 방문을
기뻐했다. 그녀는 아이들에게
멋진 이야기를 해줄 수 있었다.

버지니아 울프는 많은 이들의 존경을 받았고,
그녀는 이 모든 것을 즐겼다.

콜팩스 부인!*

울프 부인!
어서 오세요!
여기 와줘서 정말
기쁘네요!

1923년은 버지니아에게
좋은 한 해였다.

*LADY COLEFAX,
영국의 유명한 장식품 사업가.
지금도 존재하는 콜팩스 그룹은
고급 가구와 패브릭을
생산하는 큰 회사다.

그러나 버지니아는 리치먼드 교외에 있는 호가스 하우스의 생활이 점점 지루해졌다.

이곳은 너무 황량해!

하지만 이런 곳이 당신에게 좋은 거예요.

내가 너무 불행하니까요?

1924년 초 울프 부부는 다시 런던으로 이사했다. 부부는 태비스톡 스퀘어 52번지에 있는 집을 10년 동안 빌렸다.

덩컨과 버네사는 거실 벽 장식을 꾸몄다.

런던… 이제야 집에 돌아왔어!

지하실에는 인쇄소가 차려졌다. 버지니아는 예전에는 창고이자 당구대가 있던 방을 집필실로 사용했다.

출판사 일에도 재미를 느끼고 있었고, 글을 쓰는 것도 순조로웠다.

버지니아는 클라이브 벨의 연인인 메리 허친슨에게 도움을 청했다. 그녀는 자신의 파우더와 립스틱으로 버지니아를 화장해주었다. 버지니아는 자신의 모습을 보고 이런 느낌을 받았다. "너무, 지나치게 너무 아름다워."

무어를 들어본 적이 있어?

조지 무어? 작가 말이야?*

내 사랑 비타, 우리는 정말 다른 세계의 사람이야!

그녀는 한 여성과 몇 년 동안 아주 조심스러운 만남을 이어가던 화가 에델 샌즈를 만났다.

3월에 버지니아는 다시 비타를 만났다. 버지니아는 클라이브에게 보낸 편지에 이렇게 썼다.

더 많은 지적 능력을, 오 주님, 좀 더 많은 지식을, 이렇게 바라봅니다! 그러나 그 가여운 소녀는 너무나도 성스럽고 아름다워요.

울프 부인, 비타가 당신에 대해 아주 열정적으로 이야기했어요….

당신도 알고 있겠지만, 그녀는 스캔들엔 전혀 신경 쓰지 않을 거예요…. 하지만 당신을 위해서는…

감사하지만, 샌즈 양. 내가 니컬슨 부인에 대해 아는 거라곤 동성애자라는 사실뿐이에요.

5월 18일, 버지니아는 케임브리지에서 자신의 에세이인 〈베넷 씨와 브라운 부인〉에 대한 강연회를 열었다. 베넷은 그녀의 소설 《제이콥의 방》에 대한 리뷰를 썼다.

베넷은 인물이 실존하는 것처럼 느껴져야만 그 소설은 살아남을 것이고 그렇지 않으면 그 소설은 잊힐 것이라고 말합니다.

하지만 저는 되묻고 싶군요. 사실성이란 무엇이죠? 그 사실성을 판단하는 재판관은 누구입니까?

에드워드 시대** 작가들은 인물이 아니라 창밖의 풍경이나 내다볼 뿐이죠.

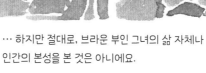

창밖의 공장과 아름다운 경치, 어쩌면 열차 칸의 실내장식을 보았을 거예요….

… 하지만 절대로, 브라운 부인 그녀의 삶 자체나 인간의 본성을 본 것은 아니에요.

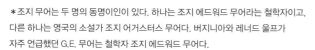

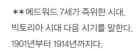

*조지 무어는 두 명의 동명이인이 있다. 하나는 조지 에드워드 무어라는 철학자이고, 다른 하나는 영국의 소설가 조지 어거스터스 무어다. 버지니아와 레너드 울프가 자주 언급했던 G.E. 무어는 철학자 조지 에드워드 무어다.

**에드워드 7세가 즉위한 시대. 빅토리아 시대 다음 시기를 말한다. 1901년부터 1914년까지다.

1924년 7월, 비타 색빌웨스트는 수 세기 동안 색빌 가문의 보금자리였던 놀 하우스를 보여주기 위해 그녀를 데리러 왔다.

어서 타세요, 울프 부인.

내 친구인 도러시 웰즐리도 우리와 함께 갈 거예요.

운전 조심해요, 자기. 울프 여사는 이런 운전에 익숙하지 않아요!

도착했어! 내가 자란 곳이야!

놀 하우스!

버지니아 울프는 《올랜도》에서 이렇게 썼다.

기호를 사랑하고 그 기호를 해석하는 것에서
기쁨을 느끼는 사람이 있다면 지금 여기 올랜도의
미끈한 다리와 그의 우아한 몸을 보아야만 할 것이다.
그의 아름다운 어깨는 빛의 전령들이 내뿜은 수많은
음영으로 장식되어 있었다. 하지만 그가 창문을 열자,
올랜도의 얼굴은 태양빛으로 환하게 빛났다.

9월에 비타와 버지니아는
런던에서 몽크스 하우스까지
같이 갔다.

10월에 버지니아 울프는
《댈러웨이 부인》을 완성했다.
셉티머스 스미스의 광기를 표현하는 것은
그녀에게 아슬아슬한 줄타기와도 같았다.

버지니아 울프는
《올랜도》에서 이렇게 썼다.

그녀는 계단을 뛰어 내려가,
차에 뛰어올라서는 시동을 걸고
차를 몰았다. "어디에 발을
딛고 있는지 안 보여?
- 헤다, 손을 뻗어, 어서!"
그것이 그녀가 한 말의 전부였다.
그 말이 너무 날카로워서
마치 그녀를 찌르는 것 같았다.

1925년 4월 23일 《보통의 독자》를 발표했다.
곧이어 5월 14일에 《댈러웨이 부인》도 출판되었다.
버네사 벨이 표지를 그렸다. 두 작품 모두 비평가와 친구들에게
찬사를 받았다. 호가스 출판사는 비타 색빌웨스트의 소설
《에콰도르의 유혹자》도 출판했다.
이 책은 그녀를 행복하게 해준
버지니아 울프에게 바쳐졌다.

여름이 시작되었다.
버지니아 울프는
그녀의 실험적인 소설
《등대로》와 《파도》의
집필에 들어갔다.

그해 여름은 아주
역동적이고 일에
파묻힌 시간이었다.

8월, 쿠엔틴의 열다섯 번째 생일날,
버지니아는 의식을 잃고 쓰러졌다.
레너드는 그녀를 몽크스 하우스로 데려갔다.
그곳에서 그녀는 몇 달 동안 자리에 누워 있었다.

너도 알겠지만, 딱 30분만 있다가 다시 가야 한대….

만약 내 강아지가 도움이 되었더라면, 강아지를 선물해줄게.

만약 레너드가 페르시아에 있었더라면 얼마나 끔찍했을까. 이 런던에서 결혼 생활을 좋아하는 사람은 당신과 나, 둘뿐일 거야.

버지니아는 비타에게 편지를 보내며 답장을 부탁했다.

당신은 마치 등대처럼 희미하게 깜빡이고 있어요. 그것도 아주 멀리서.

해럴드는 2년간 페르시아 대사로 발령받았어.

나는 1월에 떠나지만 5월이면 다시 돌아올 거야.

버지니아는 12월까지도 비타로부터 그 어떤 소식도 듣지 못했다.

비타는 12월 17일, 자신에게 지나치게 집착하는 애인을 데려다준 뒤 중앙역에 버지니아를 데리러 왔다.

롱반에 그녀를 보러 가고 싶다고 얼른 편지를 써봐요!

그녀는 떠날 거예요. 나는 더 이상 그녀를 볼 수 없을 거예요.

그녀는 이미 당신을 여러 번 초대한 적이 있으니까.

여기 내가 쓴 편지가 있어요…. 꼭 주의해 주세요.

진짜, 꼭 11시에 잠자리에 들어야 하는 거예요?

나는 지금 자러 가야 해. 오늘 하루 너무 즐거웠어! 잘 자, 비타!

잘 자, 버지니아!

롱반, 우리의 아늑한 오두막! 놀 하우스에서도 멀리 떨어져 있지 않아.

여기는 내 아들 벤과 나이절이야. 어서 가서 인사드리렴!

다음 날 아침,
비타와 버지니아는
세븐오크스로 쇼핑을 갔다.

버지니아 울프는
《올랜도》에서 이렇게 썼다.

그의 눈은 빗줄기에 젖은
제비꽃과도 같았다.
눈이 커서 이슬방울이
금방이라도 넘쳐흐를 것처럼
보였다. 둥그런 아치형
사원의 천장 같아 보이는
그의 이마 양옆을 승리의
메달과도 같은 관자놀이가
그것을 단단하게 감싸고 있었다.
붉은색 뺨은 복숭앗빛 솜털로
덮여 있고, 윗입술의 솜털은
뺨에 난 솜털보다 아주 약간 더 굵었다.

입술은 작고, 절묘하게도
하얀 아몬드 빛 치아로
살짝 말려 들어갔다.
화살표 모양의 코는
방해물 없이 아래로
뻗어 있고, 어두운
머리카락에 작은 귀는
머리에 바짝 붙어
있었다.

저녁에 비타는 해럴드에게 편지를 보냈다.
그녀는 남편에게 걱정할 필요가 없으며,
그녀가 바이얼릿 트레퍼시스와 그랬던 것처럼
버지니아와 사랑에 빠져서 도망치지는
않을 것이라고 썼다.

그 사이, 버지니아는 비타의 서사시
《대지》를 읽고 있었다.

버지니아는 《올랜도》에서
이렇게 썼다.

눈 깜짝할 사이에 맹렬하게
타오르는 사랑의 불꽃의 뜨거움으로,
그들은 노란 버드나무가 늘어선
외로운 강가로 자리를 옮겼다.

큰 모피 코트를 입고
서로를 껴안은 채,
그곳에서 올랜도는 처음으로
사랑의 기쁨이 무엇인지를
깨닫고 몸을 떨었다.

그리고 그들은 그들의 불씨가
얼음을 녹이지 않았는지
궁금했다.

다음 날 오후, 레너드가 버지니아를
데려가기 위해 왔다.

비타가 두 사람을 런던으로
데려다주었다.

한 달 후, 비타는 작별 인사를 하기 위해
다시 한번 버지니아를 보러 왔다.

1월 20일,
그녀는 남편과 함께
페르시아로 떠났다.
도러시가 그녀의 여정에
잠깐 함께했다.
기차에서 비타는
버지니아에게
편지를 썼다.

나는 버지니아가 원하는
무엇인가로 줄어들었어요.
나는 내가 상상할 수 있는
것보다 더 많이 당신을
그리워하며 또 당신을 더
그리워할 준비가 되어
있어요. 그래서 이 편지는
고통에 가득한 내 비명과
다르지 않습니다.

버지니아 울프는 《등대로》에서 이렇게 썼다.

이런 신체적 감각을 어떻게 하면 말로
표현할 수 있을까? 저 너머에 있는 허공을
어떻게 표현할 수 있을까?
(그녀는 거실 너머의 계단을 바라보고 있다.
그곳은 텅 비어 보였다.) 무엇인가를 갈망하지만
얻지 못하는 그녀의 몸은 경직되고,
공허하며 긴장감으로 가득 차 있었다.
원하고 있지만 얻지 못하는 것―간절하고,
간절하게 원하는 것―아, 쥐어짜는 마음을
어떻게 해야 하는가, 원하고 또 끊임없이
원하는 이 마음!

1926년 버지니아는 큰 힘을 들이지 않고
《등대로》와 《파도》를 구상했다.

옷 쇼핑은 언제나처럼 고문이었다….

… 반면 익숙한 모임에서 버지니아는
그 어느 때보다 사랑스럽고 유머 감각이 넘쳤다.

비타와 버지니아는 이 시기에
집중적으로 편지를 주고받았다.

나는 그저 당신이 보고 싶어.
당신은 이런 단순한 문장을 쓰지는
않겠지. 아마 어쩌면 그런 감정을
느껴본 적도 없을 거야. 당신은 아주
절묘하게 당신의 문장을 꾸밀
테지만, 그건 어쩌면 당신의
현실을 조금 잃게 할 거야.

하지만 왜 당신은
내가 느끼지 않는다고
생각하는 거지?
완전히 그 반대야.
항상, 항상, 항상
나는 내가 어떻게
느끼는지 말하려고
노력하고 있어.
나는 당신이 그리워.
나는 당신이
정말 그리워.
보고 싶을 거야.

손을 내밀어 맹세하고 말을 할 수 있을 만한 무언가를
가지고 있어? 그 무언가가 뭐지? 페르시아 하늘 위로
달이 떠올랐어. 나는 무언가, 저기에는 이러한 '무언가'가
있다는 크고도 놀라운 감각을 느끼고 있어.

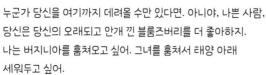

누군가 당신을 여기까지 데려올 수만 있다면. 아니야, 나쁜 사람,
당신은 당신의 오래되고 안개 낀 블룸즈버리를 더 좋아하지.
나는 버지니아를 훔쳐오고 싶어. 그녀를 훔쳐서 태양 아래
세워두고 싶어.

1926년 5월 4일, 영국에서는 총파업이 시작되었다.
레너드는 아주 열정적인 사회주의자였고 태비스톡 스퀘어에 있는
그녀의 집은 활동가들의 모임 장소가 되었다.

8일 후, 파업은 폭력적으로 끝을 맺었다.
버지니아는 장갑차가 런던 시내를 질주하는 것을 보았다.

5월 16일, 비타가
페르시아에서 돌아왔다.
비타는 도러시 웰즐리와
이틀을 지낸 다음 버지니아를
만났다. 버지니아는
긴장해서 말을 너무
많이 했다….

6월이 되어서야 그들은
누구의 방해도 받지 않고
몽크스 하우스에서 다시
만날 수 있었다.

롱반에서 그들은 캐서린 맨스필드와
루퍼트 브룩 그리고 옛 블룸즈버리에
관해 이야기를 나누었다.

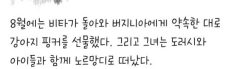

8월에는 비타가 돌아와 버지니아에게 약속한 대로
강아지 핑커를 선물했다. 그리고 그녀는 도러시와
아이들과 함께 노르망디로 떠났다.

9월에 《등대로》가 완성되었다.

버지니아 울프는 일기에 이렇게 적었다.

새벽 3시경에 깨었다.
오, 맙소사, 시작되었다.
그것이 와서—두려움이—파도처럼 밀려왔다.
나는 불행하고, 불행하다!
끝이다.

오, 신이여.
나는 내가 죽어버렸으면
하고 바란다. 휴식.
버네사. 아이들. 실패.
그래, 나는 그것을 발견했다.
실패, 실패. (파도가 솟아오른다.)

비타가 놀 하우스에서 편지를 보냈다.

당신에게 아름다운 보름달을 보내.
나는 달빛에 물든 성벽과 서리가 내린 풍경이 좋아.

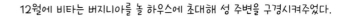

12월에 비타는 버지니아를 놀 하우스에 초대해 성 주변을 구경시켜주었다.

버지니아 울프는
《올랜도》에 이렇게 썼다.

집이 너무나 거대해서, 이쪽저쪽에서 불어오는 겨울과 여름의 바람조차 그 내부에서 시작되는 것처럼 보였다.

오늘 아침에는 뭘 했어?

어… 아무것도요!

아, 그러지 말고!
오늘 아침에 누가
널 깨웠지?

햇빛이요. 햇빛이 창문으로
화창하게 빛났어요.

어떤 햇빛이?
친절한 햇빛이었어?
아니면 화가 난 햇빛이었어?

비타, 저리 가.
지금 벤과 나이절이랑
이야기하는 거 안 보여?

버지니아는 놀 하우스에 가기 전에
레너드에게 자신의 소설
《등대로》를 주었다.

레너드!
내 몽구스!
다시 보니 너무 좋아!

읽어봤어요.

그리고?
읽어봤어요?

최고의 작품이에요.
걸작이에요.

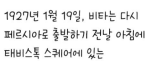

내 개코원숭이!

1927년 1월 19일, 비타는 다시
페르시아로 출발하기 전날 아침에
태비스톡 스퀘어에 있는
버지니아를 찾아왔다.

도러시 웰즐리는
이번에 그녀와 함께
테헤란에 머물
예정이었다.

버지니아 울프는
《등대로》에 이렇게 썼다.

그들이 크게 고함지르면
램지 부인도 되돌아올 것
같은 느낌이 들었다.
"램지 부인!" 그녀는 크게
외쳤다. "램지 부인!"
눈물이 그녀의 얼굴을 타고
흘러내렸다.

버지니아는 비타에게 편지를 보냈다.

나는 한 파티에 갔어…. 그곳의 사람들은
대단히 매력적이었어. 마침 나는 약간 취해
있었기 때문에 그들이 하자는 대로 두었어.
그들은 내 머리카락을 조금 잘랐어.

내가 계산을
해보았는데,
사람들은 매일
먹는 데 세 시간을
쓰고 있어….

아니야,
사랑은 열 시간!

그것도 아니야!
온종일!

… 여섯 시간은 잠자고,
네 시간은 일을 하고,
두 시간은 사랑을 하지.

사랑은
보라색 베일을 통해
바라보는 모든 것이니까.

하지만 버지니아…

… 당신은 한 번도 사랑에
빠져본 적이 없잖아.

1927년 5월
페르시아에서
돌아온 비타는
《등대로》의
견본을 발견했다.

안쪽에는 버지니아가 쓴 글이 있었다.

내가 생각하기에, 내가 이제껏 쓴 글 중 가장 훌륭한 책.

페이지는 비어 있었다.

1927년 비타는 서사시 《대지》로 호손덴 문학상을 수상했다.

정말 바보 같은 행사야! 게다가 이 사람들하고는!

왜 저래? 왜 당신이 그 상을 자랑스럽게 생각하면 안 되는 거야?!

그녀는 당신에게 좋지 않아.

그녀는 당신을 바꾸려고 해. 당신이 글을 쓰는 것이 아니라 그녀처럼 글을 쓰도록 말이야!

아, 도러시….

레너드는 정치적인 활동 때문에 매주 목요일에는 런던에 갔다. 비타와 버지니아는 목요일마다 몽크스 하우스에서 만났다.

비타, 자기, 내 귀고리를 당신 침실 탁자에 두고 왔지 뭐예요….

내 귀염둥이….

내 사랑….

메리 허친슨? 게다가… 오스터도!?

당신을 질투하게 만들고 싶지는 않지만, 내 사랑. 당신이 그러기라도 하면 좀 재미있기는 하겠네.

비타는 동시에 시인 로이 캠벨의 아내인 메리 캠벨과 바람을 피우면서 그녀를 경제적으로 지원해주고 있었다.

그건 그렇고, 얼마 전에 코가 긴 남자가 만나자고 했어! 이런, 어떻게 한담?

그 빌어먹을 자식은 누구야?

나 역시 탁자 위에 그런 편지가 수두룩해!

조심하지 않으면, 당신이 나를 다른 여자랑 바람피우라고 떠미는 거야.

봐서 알겠지만, 나를 꽉 붙잡으려면 노력을 좀 해야 할걸.

나도 당하고만 있지 않을 거야! 이건 진심이야!

여배우 발레리 테일러 역시 비타를 몹시 사랑하고 있었다.

1927년 가을, 버지니아는 리치먼드 공원에서 운전을 배우고 있었다.

비타와 버지니아는 그 후 큐 가든에서 아주 행복한 시간을 보냈다.

제발 조심해요!

메리와 로이 캠벨, 비타 사이의 관계는 드라마처럼 변했다.

당신의 메리와 발레리 테일러, 그런 지루한 이야기는 듣고 싶지 않아.

단 한 번이라도 완전한 관계를 맺는 게 나에게는 불가능한 일이야!

너무 끔찍했어! 메리는 울고, 로이는 고함을 지르다가 갑자기 칼을 들고….

하지만 당신에 대한 나의 사랑은 진실해. 생생하고 변하지 않을 거야!

당신은 내가 살아가는 데 가장 중요한 존재야! 내 사랑, 제발 내 잘못을 용서해줘. 나도 내 자신이 싫어!

사랑하는, 사랑하는 버지니아. 내가 얼마나 그리고 얼마나 끝없이 당신을 사랑하는지 모를 거야.

절망의 구덩이로 자신을 몰아넣을 필요는 없어. 그리고 그건 당신 잘못도 아니야.

당신이 나처럼 늙고, 예민하고, 까다로운 사람을 좋아한다는 걸 생각하면 난 행복해져.

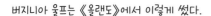

버지니아 울프는 《올랜도》에서 이렇게 썼다.

확실한 것은, 그가 낮은 신분을 더 선호했다는 것이다.
그의 인생 중 이 시기에 그는 노동자 계급 아가씨의
뺨이 더 싱그러워 보였으며, 사냥꾼의 조카가 하는
농담이 더욱 와 닿았던 것이다….

… 귀족 가문
숙녀의 말보다도.

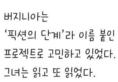

버지니아는
'픽션의 단계'라 이름 붙인
프로젝트로 고민하고 있었다.
그녀는 읽고 또 읽었다.

1928년 3월 6일
버지니아는 비타에게
소식을 전했다.

1927년 9월 어느 날
그녀는 한 페이지에
이렇게 썼다….

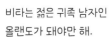

비타는 젊은 귀족 남자인
올랜도가 돼야만 해.

비타는 거기에 반대하지 않았고,
약간 불안했지만 자신을 위한
것이라 생각했다.

올랜도가 완성되었어!
나는 지난 몇 달 동안 당신 안에서 살았어.
내가 다시 나왔으니 이제 당신은 어떻게 될까?
당신은 정말 존재하는 걸까?
아니면 내가 만든 존재에 불과할까?

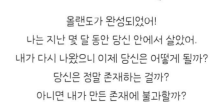

1928년 9월 말,
버지니아와 비타는
함께 여행을 떠나는
꿈을 이루기로 했다.
그들은 프랑스에서
일주일을 보낼
예정이었다.

정말 일주일 동안 레너드를 혼자 지내게 두어야 할까?
만약 내가 그에게 작별 인사를 하는 것보다 함께 사는 것이
더 좋지 않았더라면 나는 그와 절대 결혼하지 않았을 것이다.

파리에서 그들은 어느 서점의 주인이
손님과 마르셀 프루스트에 대해
이야기를 하는 것을 보고 놀랐다.

둘은 매일 남편들에게 편지를 쓰고
매일 호텔로 답장을 받았다.
버지니아는 편지에
이렇게 적었다.

가여운 개코원숭이는
몽구스의 털 한올 한올까지
전부 사랑하니까,
돌아가면 한 시간 동안
입맞춤을 하겠죠.*

*개코원숭이와 몽구스는 레너드와 버지니아가 서로를
부르는 애칭이다. 버지니아는 자신을 개코원숭이로,
레너드를 몽구스로 칭하곤 했다.

솔리외에서는 축제가 열렸다.

비타는 해럴드에게
편지를 보냈다.

그녀는 매우, 매우 사랑스러워요.
그녀는 정신적으로는 굉장히 독립적이지만
생활적인 면에서는 굉장히 의존적입니다.

아발롱에 도착했을 때 비타에게는
해럴드의 편지가 도착했지만, 레너드의 편지는
오지 않았다….

마침내 레너드가 보낸
엽서가 도착했다.

당신과 작은 동물들이 없어서 나는 매우
우울해요. 당신이 아무리 이상한 행동을
한다고 해도 나는 당신 없이는 살 수 없어요.
바라건대 당신이 나를 실망시키는 데
익숙해지지 않기를 바랄 뿐이에요.

버지니아는 답장을 썼다.

우리는 당연히 당신을 사랑하고
당신과 이야기를 나누고 당신의 손에 키스하고
싶어요. 당신 역시 그렇지 않나요?
당신은 나보다 그 사람들이 더 좋은 건가요?
아발롱에서 당신에게 온 편지가 없었을 때
내 마음이 얼마나 슬퍼 흐느꼈는지!

베즐레에 도착한 밤에는 천둥번개가 쳤다.
비타는 버지니아가 두려움에 떨고 있을까 봐 그녀의 방으로 갔다.
그들은 죽음과 불멸에 대한 이야기를 나누었다.

오세르에서 버지니아는 골동품을 구입했다.
버지니아가 거울을 골랐다!
마침내 그녀는 거울을 바라볼 마음을 먹게 되었다.

1928년 10월 11일 《올랜도》가 발표되었다. 그 책은 커다란 성공을 거두었고, 비타는 그녀가 자랑스럽고 기뻤다.

10월 말, 버지니아는 케임브리지에서 '여성과 픽션'이라는 주제로 두 차례 강연을 했다. 그녀 곁에는 비타가 있었다.

그러나 여러분이 실제로 부탁한 것은 여성과 픽션에 대해 강연해달라는 것 아니었나요? 이것이 자기만의 방과 무슨 상관이 있는 걸까요?

내가 메리라고 부르는 상상 속의 나는 유명 대학 도시인 옥스브리지에 갔죠. 하지만 관리인이 곧바로 그녀를 잔디밭에서 쫓아냈어요. 그곳은 학자와 교수들만 들어갈 수 있었고, 메리의 자리는 자갈밭 위였죠.

예배당에는 들어가고 싶은 마음이 들지 않았어요. 이번에는 교회 관계자가 나를 막아설 테니까요.

멈춰요! 여성은 대학에서 보증하는 보호자가 있어야만 도서관에 들어갈 수 있소!

나는 옥스브리지에서 남자들과 점심 식사를 하고 …

… 저녁에는 퍼넘에서 숙녀들과 식사를 했죠.

숙소로 돌아오는 길에 나는 한 성(性)의 안정과 번영에 대해 생각합니다.

… 다른 쪽의 빈곤과 불안함에 대해서도 …

… 그리고 전통과 또 전통의 부재가 글을 쓰는 한 사람의 정신에 끼치는 영향에 대해서도.

옥스브리지 방문 이후 불가피하게 찾은
대안은 불행히도 런던의 대영박물관이었죠.
끊이지 않는 질문들이 계속 밀려들었어요.
그리고 여기가 아니면 대체
어디서 진실을 찾을 수
있다는 것인가?

왜 여성이 남성들에게 관심을 가지는 것보다
남성들이 여성에게 훨씬 더 많은 관심을
가지는 것일까?

당신은 자신이 지구상에서 거의 가장 많이
논의되는 동물이라는 사실을 알고 있나요?

나는 트리벨리언 교수의 영국 역사서를 읽었어요.
거기에는 아주 기묘하고 복합적인 존재가 등장하죠.

여성은 상상 속에서는
세상 무엇보다
귀한 신분이지만 …

… 현실에서는 철저하게
비천한 존재예요.

여성들은 시구절과 제목
사이를 흘러 다닐 뿐 …

… 역사에도 거의
존재하지 않아요.

여성은 수 세기 동안, 마치
신비하고도 마법의 힘을 지닌
거울처럼 남자의 모습을 두 배로
크게 보이게 하며 그들을
섬겨왔어요.

교수가 여성의 열등함을
지나치게 강조하는 것은,
그들의 열등감에 대한 것이
아니라 아마 자신의
우월함에 대한
것이었을 수
있어요.

정복하고 지배해야 하는
가부장으로서, 인류의 절반이
선천적으로 자신보다
열등하다는 믿음은 굉장히
중요한 일이었을 테죠.

X교수가 쓴 다른 책의 제목은
《여성의 정신적·도덕적·육체적 열등함》이에요.

이 낡은 신사들이 접근하면 무지의
테두리가 저만치 뒤로 물러나지요!
고양이들은 천국에 못 올라간답니다.
여성은 셰익스피어와 같은 작품을
쓸 수가 없다고 말이죠!

하지만 그 교수는 인정해야만 할 겁니다.

만약 셰익스피어에게 자신만큼의
재능을 가진 여자 형제가 있었다면
그녀는 어떻게 되었을까요?

재능 있는 소녀가
자신의 재능을 이용해
시를 쓰려고 하는 시도가
다른 사람들에 의해
억압되고 방해받았을 때
그녀가 건강과 지적 능력을
잃을 수 있다는 것은
특별한 심리학적 분석을
동원하지 않아도
알 수 있을 겁니다.

하지만 이 세상의 그 어떠한 권력도 나에게서
고모가 남긴 매년 500파운드의 유산을 빼앗아
갈 수는 없습니다. 나는 남자를 미워하지 않아도 되고
그들은 나에게 상처 입힐 수 없습니다. 나는 그 누구에게도
아첨할 필요가 없어요. 그들은 나에게 줄 것이 없으니까요.

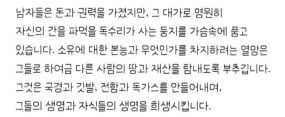

집으로 돌아가는 길에 나는
다른 계급, 다른 성을 비난하는 것은
터무니없는 일이라고 생각했습니다.
우두머리인 교수들조차
어려움과 싸워야만 합니다.
그들이 받은 교육은
어떤 면에서는
결함이 있습니다.

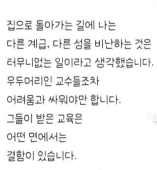

남자들은 돈과 권력을 가졌지만, 그 대가로 영원히
자신의 간을 파먹을 독수리가 사는 둥지를 가슴속에 품고
있습니다. 소유에 대한 본능과 무엇인가를 차지하려는 열망은
그들로 하여금 다른 사람의 땅과 재산을 탐내도록 부추깁니다.
그것은 국경과 깃발, 전함과 독가스를 만들어내며,
그들의 생명과 자식들의 생명을 희생시킵니다.

여성이 글을 쓰려면 돈과 자기만의 방을 가져야 합니다.

자신이 쓰고 싶은 글을 쓰세요.
그보다 더 중요한 것은 없습니다.
그 글이 영원히 기억될 가치를 가질 것인지,
단 몇 시간 만에 잊힐 만한 것인지는
그 누구도 알 수 없습니다.

그러나 손에 은빛 트로피를 들고 있는 교장 선생님,
아니면 소매에 자를 넣고 다니며
남들을 평가하기에 바쁜
한심한 교수님들에게 혹시라도 …

… 자신의 주관적 생각을
털끝 한 올이라도, 고유한 개성을
한 움큼이라도 양보하게 된다면
그것만큼 불행한 일은 없을 것입니다.

나는 셰익스피어의 여동생이었던
죽은 시인이 우리가 그녀를 위해 일할 때
다시 돌아오리라 생각합니다 …

… 빈곤과 그늘 속에서도
그러한 일을 하는 것은 그만한
가치가 있습니다.

감사합니다.

해럴드 니컬슨은 베를린에 대사로 있었다.
1929년 1월 울프 부부는 그와 비타를 방문했다.

거기에는 비타의 형제인 에디와 덩컨 그랜트,
버네사와 쿠엔틴 벨도 함께였다.

당신은 정말 그들이
영국 장교였다고
생각해요? 진짜로?

당신과 단둘이 좀 더
많은 시간을 보낼 수 있다면.
나는 정말 그러고 싶어….

하지만
버지니아!

비타는 당시에 BBC의
라디오 방송 프로듀서였던
힐다 매더슨과 사귀는 중이었다.

버지니아는 돌아오는 길에 심한 멀미에 시달리고
거의 의식을 잃은 채 런던에 도착했다.
그녀는 천천히 회복되었다.

그녀는 비타에게 편지를 썼다.

레너드는 천사야.
그를 위해서가 아니었다면
나는 병을 앓는 도중에
나 자신을 쏴버렸을 거야.
몸이 아플 때면 이상할 정도로
얼마나 당신이 그리운지.
당신은 나를 사랑하고 있는지
아닌지 답장해줘.
나는 당신을 너무 사랑해.

비타가 답장을 보냈다.

당신의 병이 뭔지 알아?
억압된 영혼. 그래서
당신이 아픈 거야.

6월에 레너드와 버지니아 울프는 프랑스 남부 지방 카시에 있는 버네사와 덩컨의 집을 방문했다.

버네사는 나보다 더 충만한
삶을 살고 있지 않나요?

하지만 당신은 훌륭하고
유명한 작가잖아요!
그녀는 그림만 그릴 뿐이에요.

그녀에게는 아이도 있고….

사랑하는 버지니아,
나는 힐다와 여행을
가기로 했어. 진짜
즉흥적으로 어쩌다 가는
것일 뿐이야. 걱정하지
않아도 돼!

내 친구 힐다는
사랑하는 애인 비타와
산으로 여행을 갔어요.

둘은 몇 달 동안 꼼꼼하게
계획을 세우더군요. 어찌나
사랑이 넘치던지!

비타! 이 배신자!
어떻게 그렇게 뻔뻔하게
거짓말을 할 수가 있지?

버지니아, 내 사랑,
나는 당신에게 늘 진실했어.
나는 그걸 증명할 수 있어!

아, 비타.
나는 너무 행복해.

레너드와 버지니아는 몽크스 하우스에서 조용한 늦여름을 보냈다.

버지니아는 새로운 책에 대해 생각했다.

10월에 그들은 런던으로 돌아왔다.

버지니아는 재치 있고 재미있는 사람이었다.

그러나 어떤 사람들은 그녀의 날카로운 말을 두려워했다.

호가스 출판사 창고에서 그녀는 《파도》를 썼다.

1929년 11월 20일, BBC는 버지니아 울프에 대한 방송을 내보냈다. 힐다 매더슨이 그 프로를 진행했다.

당신의 힐다가 내 에세이를 잘라버렸어! 아마 당신이 괜찮다고 했을 테지!

당신의 여자 친구들 전부! 다 이류들이야. 그래서 이제껏 우리가 그들과 거리를 두었던 거라고!

나는 그 누구도 비타의 여자 애인들을 도러시, 힐다 그리고 버지니아라고 말하는 걸 원하지 않아!

여학생들이나 할 법한 이런 일은 나를 모욕하는 짓이야!

1930년 2월 20일 버지니아는 작곡가이자 여성 참정권 운동가인 에델 스미스를 알게 되었다.

울프 부인! 질문 좀 할게요!

그녀는 버지니아의 《자기만의 방》의 열렬한 팬이었고 버지니아가 그녀의 라디오 방송에 출연하기를 원했다.

먼저 어머니 쪽 가족에 대해 전부 알고 싶어요.

나는 승마와 골프를 아주 좋아해서, 교외에 살고 있어요. 나는 아주 튼튼한 사람이죠!

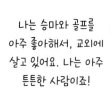

곧 다시 만나기를 바랄게요!

이건 마치 거대한 암 덩어리가 생긴 것 같아….

에델 스미스는 엄격한 친구였다. 그녀는 적어도 하루에 한 통 이상의 편지를 썼고 즉각적으로 답장을 하길 원했다.

에델은 레너드를 좋아하지 않았다. 레너드도 에델을 좋아하지 않았다. 《파도》를 쓰는 것은 힘든 일이었고 상당한 집중이 필요했다.

7월에 버지니아는 비타에게 몸이 좋지 않다는 편지를 보냈다.

사랑하는 비타, 갑자기 당신이 생각났어. 나에게 와줄 수 있어? 아니면 전화라도 해줄 수 있어?

비타는 그녀를 롱반으로 데려가 마음대로 지내도록 했다.

난 여자였기 때문에 놀 하우스를 상속받을 수 없었어…

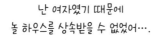

… 우리는 성을 구입했어. 시싱허스트 캐슬*이야.

비타 색빌웨스트의 가장 성공적인 소설인 《에드워디안》은 호가스 출판사에서 나왔다.

호가스 출판사의 일은 점점 늘어났다. 많은 작가들이 호가스에서 책을 펴냈다.

E.M. 포스터, T.S.엘리엇. 캐서린 맨스필드. 존 메이너드 케인스. 헨리 그린, 거트루드 스타인, 휴 월폴, H.G. 웰스 등. 거기에 러시아 소설을 번역해 도스토옙스키와 톨스토이, 안톤 체호프, 막심 고리키의 작품들 그리고 프로이트와 라이너 마리아 릴케의 작품도 펴냈다.

1931년 초, 버지니아 울프의 부담을 덜어주기 위해 존 레만이 편집자로 일하게 되었다.

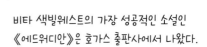

*비타와 그의 남편이 낡은 성을 구입하여 30여 년간 정원을 꾸민 곳. 영국의 내셔널 트레저로 선정되어 수많은 관광객이 찾는 명소가 되었다.

마침내 그녀는 《파도》에 집중할 수 있었다.

1931년 2월 7일,
버지니아는 열정적으로
《파도》의 집필을 끝냈다.

그녀는 다시
자신의 작품에
대한 의심에
시달렸다.

레너드에게
그 작품은
그녀의 작품 중
최고였다.

비타와 버지니아는 거의 만나지 않았다.
버지니아는 비타에게 편지를 썼다.

너의 애인은 죽었어.
거의 지난 한 달 동안(너는 지난 한 달 동안
이곳에 오지 않았지.) 나는 그가 어떻게
약해지고 있는지 지켜보았어.
어젯밤에는 거의 끝에 이르렀어.
마지막 단어만 나는 들을 수 있었지.
"… 말해줘요, 내가 그녀를 사랑한다고…
그녀는 나를 잊었지만
나는 그녀를 용서합니다."
그리고 그는 사라져버렸어.

비타는 충격을 받고 자신의 애인을
다시 살리는 것을 도왔다.

1931년은 버지니아의 인생에서 만족스러운 한 해였다.
버네사와 서로 잘 이해하고 있던 에델은 자상했고,
비타 역시 따뜻했다. 《파도》 역시 출간 후
큰 성공을 거두었다.

젊은 비평가인 위니프레드 홀트비는
버지니아의 전기를 썼다. 버지니아는
자신이 기념비적 인물이 되는 것을
두려워했다.

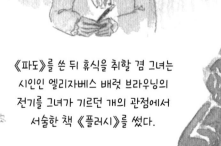

《파도》를 쓴 뒤 휴식을 취할 겸 그녀는
시인인 엘리자베스 배럿 브라우닝의
전기를 그녀가 기르던 개의 관점에서
서술한 책 《플러시》를 썼다.

버지니아 울프는 리턴 스트레이치에게 편지를 썼다.

답장은 도라 캐링턴으로부터 왔다. 리턴은 죽어가고 있었다.

그는 너무 아파서 다시 그녀를 만날 수 없었다. 그는 1932년 1월 21일에 세상을 떠났다.

'나는 당신 꿈을 꾸다가 깨었어요.' 만약 당신이 런던에 있다면… 당신의 오랜 친구인 버지니아를 보러 한번 들러줘요.

우리가 보낸 엽서를 기억해요? '하! 하!'라고 서명했던.

그는 예전에 내가 당신과 결혼해야만 한다고 했었죠.

우리에게 남은 건 뭐죠….

아, 캐링턴. 우리는 반드시 살아나가서 우리 자신이 되어야 해요. 그가 당신을 사랑했기 때문에라도 반드시.

버지니아 울프는 이렇게 썼다.

나는 이렇게 살아서 죽은 사람들에게 불쌍한 마음을 가질 수 있는 것이 기쁘다. 나는 왜 캐링턴이 스스로 목숨을 끊어 모든 것을 끝내버렸는지 이해할 수 없다.*

버지니아 울프는 케임브리지의 트리니티칼리지로부터 편지를 받았다.

나에게 강의를 맡아줄 수 있냐고 하는군요….

… 내 아버지처럼 말이에요. 아버지였다면 당신의 작은 지니를 아주 자랑스러워했겠죠….

하지만 난 하지 않을 거예요. 내가 말하려고 하는 것은 케임브리지의 신사들이 듣고 싶어 하는 것이 아닐 거예요.

* 평생 동성애자였던 리턴을 사랑한 화가 도라 캐링턴은 그가 죽은 지 한 달 만에 권총으로 스스로 생을 마감했다.

버지니아는 두통에 시달리고 있었지만 《플러시》를 써나갔고
리턴 스트레이치의 전기를 쓰기 시작했다.

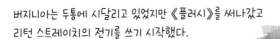

그가 동성애자였다는
사실을 언급하지 않고
어떻게 그의 인생을
이야기할 수 있지?

10월에 버지니아는 새로운 소설 《세월》을 시작했다.
그녀는 열정적으로 자신의 전부를 이 작품에 쏟아 넣었다.

긴 산책을 할 때 그녀는
리듬에 맞춰 걷기 위해
자신의 문장을 큰 소리로 말했다.

야망으로 가득 찬 젊은 친구였던 존 레만은
자신만만하고 독창적인 생각을 가지고 있었다.
그는 1932년 9월에 호가스 출판사를 떠났다.

12월에 버지니아는
일기에 이렇게 적었다.

오늘은 한계점에
이를 때까지 글을 썼다.

에델 스미스는
여전히 까다롭고
엄격했다.

버지니아 울프는
《세월》에서
이렇게 썼다.

빨간 로즈,
불타는 로즈, 들에 핀 로즈,
가시가 무성한 로즈….

챙그랑! 벽돌이
날아 들어오는군요!

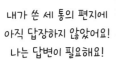

내가 쓴 세 통의 편지에
아직 답장하지 않았어요!
나는 답변이 필요해요!

버지니아는 이렇게 적었다.

71세의 여성이 나를 사랑한다.
그건 아주 몸서리쳐지게 끔찍하고
또 서글프다.

오늘 나는
감옥에 있는 여동생
면회를 가야 해요.

로즈, 그녀가 벽돌을
던졌기 때문이오.

102

1933년 1월, 아돌프 히틀러가 독일 총리가 되었다.

여기, 그는 위대한 사람이라고 쓰여 있군요….

왜 받고 싶지 않다는 거요?

1933년 3월 맨체스터 대학은 그녀에게 명예박사학위를 수여했다.

나는 아카데미의 일원이 되고 싶지 않아요!

게다가 맨체스터라니…

지휘자 브루노 발터는 독일을 떠났다.
버지니아 울프는 에델 스미스를 통해 그를 알게 되었다.

그해는 각종 모임과 티파티, 저녁 식사들로 가득한 한 해였고, 울프는 자주 초대를 받았다. 몽크스 하우스에도 늘 방문자가 있었다. 《플러시》가 출판되어 큰 인기를 끌었다.

내가 그토록 사랑했던 나의 독일이, 우리의 전통과 문화가…

이제 망가지게 될 거예요.

버네사의 전시회에서 그녀와 버지니아는 블룸즈버리의 비밀 여왕으로 큰 각광을 받았다.

줄리언… 독일에… 범죄자들이 집권했어!

'룀 쿠데타'*와 그 뒤를 이은 살인은 버지니아의 눈을 뜨게 했다.

나치가 상대의 목을 조르고 있다? 그런 다음 그걸 더 이용해 이득을 보려는 거겠죠!

6월 비타는 새로운 원고 《어두운 섬》을 가지고 왔다.

사랑하는 비타! 이걸 읽을 생각만 해도 너무 기뻐!

비타는 더욱 눈에 띄게 몸이 불어 있었고 붉게 그을려 있었다. 늘 그렇듯이, 돌고래가 없는 진주는 반짝이는 빛을 잃어가고 있었다.

동굴에서 채찍을 휘두르는 여자!? 비타는 너무 위험한 글을 써요.

레너드는 로스차일드에게서 비단원숭이를 입양했다.

*나치의 추종자인 룀을 비롯한 젊은 장교들이 바이에른주 정부를 탈취하기 위해 폭동을 일으킨 사건. 이 사건을 계기로 나치당은 그 세력을 더욱 키웠다.

1934년 9월 버네사가 슬픈 소식을 가지고 왔다.

버지니아는 로저 프라이의 전기를 쓰려고 했다.

로저가 죽었어!

여기 이건 2년 전 그리스 여행 중에 찍은 사진이야….

이건 후기 인상파 전시회에서…

이건 오메가 워크숍에서…

그는 항상 거기 있었지.

3월에 울프 부부는 시싱허스트를 방문했다. 비타는 그곳 성탑에서 병든 시누이인 그웬 세인트 오빈을 돌보고 있었다.

버지니아는 일기에 이렇게 적었다.

그리고 우리는 차가운 바람이 몰아치는 일요일에 시싱허스트에 갔다. 그곳의 풍경은 마치 6월의 창밖 풍경처럼 온통 녹색과 푸른색이었다.

그리고 여기에서 해야만 하는 이상한 일이 있었다.

비타와의 우정은 끝났다. 큰 싸움이나 심각한 사건이 있었던 것이 아니라 그저 잘 익은 과일이 땅에 떨어진 것처럼.

"아니, 그리스에 가기 전까지 나는 런던으로 돌아가지 않을 거야." 그녀가 말했다. 그리고 나는 차에 올라탔다.

104

그것은, 글쎄, 그림을 자르는 것과도 같았다.

그녀는 세븐오크스의 생선가게에서도
분홍색의 옷과 진주를 걸치고 있었다.

그리고 그것이 전부다.
쓰라림이나 실망감은 없다.
그저 공허함만 있을 뿐이다.

1935년 봄, 울프 부부는 버네사를 만나기 위해 로마로 차를 몰았다.
그들은 독일을 통과해 가기로 결정했다.

멈추시오!
여기서 더 이상
갈 수 없소!

증명서!
여권!

좋아요, 거기
누가 있습니까?

뒤로 물러나세요!

저것 좀 보세요, 힐데!

다른 길로
가야 합니다!

어머나!

벨라 이탈리아!
즐거운 여행
하세요!

너무 귀여워!

런던으로 돌아간 버지니아는 어느 날 아침 런던 도서관 계단에서 모건 포스터를 만났다.

어머, 좋은 아침이에요, 모건!

안녕하세요, 버지니아!

여성을 이사회에 임명한다고 상상해보시오!

그건 좋은…

도저히 말도 안 되는 일이지! 여성들은 문제만 일으킨단 말이오!

여기에 영감을 받아 버지니아는 에세이를 쓸 계획을 세웠다. 처음 제목은 '경멸을 받는 법'이었다. 그러다 결국 제목을 《3기니》로 정했다.

버지니아 울프는 《3기니》에서 이렇게 썼다.

이 기니에는 천 조각과 석유, 그리고 성냥이 함께 해야만 한다. 그리고 이런 메모를 덧붙여야만 한다. '이 기니로 대학의 모든 것을 불태워라. 오래된 위선을 태워버려라.'

활활 타올라라! 전부 불타버려라!

이제 이런 '교육'은 끝났어!

내 생각에 모든 분노는 억제되어야 해. 모든 폭력은 남자들의 오만함에서 나온 거야.

아비시니아의 전쟁, 독일과 이탈리아의 파시즘…

맙소사, 쿠엔틴, 세상은 왜 이렇게 엉망일까?

자본주의는 노동자를 억압하고 있어요. 사회주의만이 그들을 해방시킬 수 있어요!

무엇을 해야 할까?

실업과 경제위기 때문이에요! 모든 폭력 뒤에는 경제적 원인이 있어요.

사람들을 교육해야 해. 영혼이 완전해진다면 광기 어린 세력의 힘을 막을 수 있을 거야!

1935년의 어느 평범한 날.

윈덤 루이스가 이렇게 썼네요, 나는 하나의 오래된 유물이라고.

"아무도 당신을 더 이상 진지하게 보지 않는다."

오전에 버지니아 울프는 글을 썼다.

열정적으로 《세월》을 집필하기 시작했지만 힘이 들었다. 그녀는 다시 두통에 시달렸다. 그녀는 일기에 이렇게 적었다.

누더기처럼 얼기설기 짜인 것은 바로 내 머리다.

2시 반에 울프 부부는 BBC 방송국에 있었다. 버지니아는 바보 같은 독백을 패러디해야만 했다.

우리는 실제 소리를 넣을 수 있어요. 오케스트라나 기차 소리, 코끼리 소리도. 당신이 원하는 것은 뭐든지요!

3시에는 돌랜드 홀에서 문학 전시회가 열렸다.

저기 봐요, 제럴드가 있어요!

5시에 집으로 돌아갔다.

독일은 히틀러가 더 잘 어울려요.

나중에 모건이 전화를 걸어와 쥘 로맹*을 만날 것인지를 물어왔다.

노스티츠 남작부인, 더 일찍 와주실 수 있나요?

저녁에는 인도에서 온 손님이 있었다.

벵골에서 나는 한 여성이 고함을 지르는 바람에 기차에서 뛰어내려야만 했지요.

인도인이다! 당장 여기서 꺼지지 않으면 가만두지 않을 거야!

이 시기에 버지니아는 종종 자신이 어디 있는지 알 수 없을 때까지 목적지도 없이 런던을 배회하고는 했다.

*Jules Romains, 프랑스의 작가.

1936년 1월 버지니아는 다시
심한 두통에 시달렸다.

그녀는 에델 스미스에게 이렇게 썼다.

오래된 사악한 유령들이 동굴에서 나오고 있습니다.

봄이 되어 《세월》의 첫 페이지가 인쇄소로 향했다.

내가 무엇을
쓴 거지?

별로 잘 쓰지
못했어.

다시는 그렇게 긴 글을
쓰지 않을 거야!

레너드는 그녀의
기분을 전환시키고
쉬게 해주려
노력했다.

아, 레너드.
당신은 천사예요!

버지니아는 일기에 이렇게 적었다.

나는 1913년 이후로 그 어느 때보다
더 깊은 심연에 가까워진 것을 느낀다.

나는 당신에게
짐 덩어리일
뿐이에요….

레너드, 전부 그냥 죽은
고양이처럼 태워줘요!

11월 버지니아는 마지막으로 출판본을 수정했다.
그녀는 자신의 언어들이 단단하게 묶인 모습으로 나와
대면하게 될 것에 대해 다시 한번 무서움을 느꼈다.

레너드가 전부를 읽는 데는
5일이 걸렸다.

어떻게 생각해요?

정말 주목할 만한
작품이에요. 출판할
가치가 충분해요.

이 거짓말이
버지니아를 구했다.
그녀는 다시
《3기니》에 자신을
바쳤다.

1937년 초 그녀의 조카 줄리언이 3년 동안
중국 우한 대학에서 영어를 가르치다가 돌아왔다.

레너드,
왜 그래요?

줄리언!!

별일 아니에요,
괜찮아. 잠깐 누워
있어야겠어요.

쿠엔틴! 그리고
막내 앤젤리카!
맙소사, 그새 너…

사실 레너드는
오랜 시간 동안
병상에 누워 있었다.
그의 병명은 아무도
알 수 없었고 그는
그저 말라만 갔다.
버지니아는 그를
정성껏 돌보았다.

그녀는 또다시 자신의 책이
출판되는 것에 두려움을 느꼈다.

나는 쓸모없는
늙은 여자일 뿐이야.

긍정적인 비평만
보도록 해요!

당신의 소설은
미국에서도 발간될
거예요!

클라이브는
뭐라고 할까요? 그리고
리턴이라면 뭐라고
했을까요?

사람들은
뭐라고 할까?

이제야
분명해졌어,
나는 재능이
없어!

《세월》은 1937년
3월 15일에 출간되었다.
버지니아 울프는 이 소설을
거의 4년 동안 썼다.

1937년 4월 27일 버지니아 울프는 라디오에서 자신이 사랑하는 언어에 대해 이야기했다.

언어들, 영어 단어들로 가득한 메아리가 나를 일깨우고 나를 이루고 있습니다.

그 말들은 수 세기 동안 자연을 떠돌았고 사람들의 입에서 입으로, 사람들의 집과 거리 그리고 들판에 존재했습니다.

그리고 바로 이것이 오늘날 우리가 그것을 쓸 때 겪는 어려움 중 하나입니다. 바꿔 말하자면 우리의 말에는 다른 기억들이 가득 채워져 있다는 것이죠.

우리가 어떻게 오래된 말들에 새로운 쓰임을 부여할 수 있을까요? 말들이 사라지지 않고 살아남게 하기 위해서인가요? 아니면 그 안의 아름다움을 말하기 위해서? 또는 그 안의 진실을 말하기 위해서인가요?

엄마와 이모는 나를 이해할 수 없어.

그는 구급차 운전기사가 되기로 결심했다. 6월 7일, 줄리언 벨은 스페인으로 떠났다.

버지니아 울프는 《3기니》에서 이렇게 썼다.

분명히 당신에게는 어떠한 위대함과 필수불가결함, 전투에서의 만족감 같은 우리가 단 한 번도 느껴보지도, 즐겨보지도 못한 것들이 있었다

6주 후 포탄이 떨어져 그를 죽였다. 그는 스물아홉 살이었다.

버지니아는 언니 곁을 지키기 위해 매일 몽크스 하우스에서 찰스턴까지 차를 운전했다.

버네사가 서서히 기운을 차리고 일상생활로 돌아오는 데에는 몇 개월이 걸렸다.

버지니아, 네 목소리가 나를 버티게 해주었어.

1938년, 호가스 출판사에 대한 버지니아 울프의 부담감은 점점 커져만 갔다.

존 레만이 그 일부를 사들였다.

4월에는 카 콕스가 세상을 떴다. 한 달 후 오톨린 모렐도 그 뒤를 이었다.

레너드가 다시 병으로 자리에 누웠고 버지니아는 그를 간호했다.

카 콕스… 내 광기의 마지막 증인 중 한 명이 떠났어요.

당신의 원숭이는 당신이 다시 건강해질 때까지 얌전히 기다릴 수 없을 거예요.

오톨린… 그녀는 대단한 사람이었어요.

그런데 줄리언의 전기는 언제 쓸 생각이야?

나는 아직 로저 프라이 책을 쓰는 중이야.

네 조카도 그럴 자격이 있어! 그 아이도 훌륭한 시인이었어!

부탁이야!

알았어….

버네사의 모성애인 거죠. 너무 신경 쓰지 말아요.

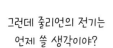

1938년 6월 《3기니》가 출판되었다.
그것은 '자기만의 방'이라는 생각에서
시작되어 발전된 것이었지만 미묘한
아이러니는 분노로 가득한 항의로 이어졌다.

많은 친구들이 실패작이라고 생각했지만,
반면 많은 여성이 버지니아에게
열광적인 편지를 보냈다.

우리는 탄약 공장에서
일하면 안 되나요?

그중에는
아그네스 스미스의
것도 있었다.

나는 일을 할 수만
있다면 그곳이 어디인지는
전혀 상관없이 기쁠
것입니다!

파시즘과 전쟁에
직면한 상황에서 여성
문제는 그다지 중요한
것이 아닙니다!

그다지 잘 쓴 글도 아니오.

버지니아 울프는 그녀에게 답장을 보냈다.
너무나 다른 두 여성은 버지니아가 죽을 때까지 서로 편지를 주고받았다.

8월에 비타는 몽크스 하우스로 버지니아를 보러 왔다.

당신은 정말 마법사 같은 사람이야!
마치 삶에 마법을 불어넣는 것 같아!

당신을 만날 때마다, 늘 내 인생은
더 높은 곳으로 가는 것 같아.

서식스에서도 참호를 파 모래주머니를 쌓아 올리고 있었다.
영국은 침략에 대비해갔다.

버지니아는 런던 도서관 지하에서
로저 프라이에 대한 연구를 하고
있었다.

사람들이 방독면을
미리 준비해두라고 하더군요.
전쟁에 대비해서.

레너드, 우리
방독면이 왔어요….

전쟁이
일어날까요?

체임벌린 총리가 뮌헨에서
굴욕적인 평화 협정을
맺었다는군요.

그렇게 될까 봐 두렵군요.
아니었으면 좋겠어요.

비타가 우리에게
크리스마스 선물을 보냈어요.
거위 간 파이예요!

롱반에서 우리 위에 있던
천장 대들보를 떠올릴 때면…
그리고 대리석 판 위에
그려져 있던 돌고래들….

로저 프라이의 누이와 그의 인생을 함께했던 사람들은 그의 전기에
집요하게 관여했다. 많은 것들이 알려지지 않아야만 했다.

버지니아는 휴식을 위해
소설 《막간》을 쓰기
시작했는데, 몽크스 하우스가
있는 로드멜에서의
시골 생활을 토대로 한
이야기였다.

그 시기 영국에는 독일과 오스트리아에서 온 피난민들로
가득 차 있었다. 울프 부부는 호가스 출판사에서
책을 출간했던 프로이트를 만났다.

1939년 1월,
프랑코는 마드리드에
있었고, 줄리언의 죽음은
그 어느 때보다 무의미한
것만 같았다. 히틀러는
프라하에 있었다.

이 독성을 다 분해하려면
꼬박 한 세대가 걸릴 겁니다.

당신네 영국은
무엇을 할 계획인가요?

위협이 닥쳐왔지만 아름다운 순간들과 떠들썩한 파티도 있었다.
하지만 버지니아는 자신에게 동정심을 베풀지 않는 경향이 있었다.

여름에 울프 부부는 브르타뉴* 지방으로 여행을 떠났다.
버지니아는 마담 드 세비녜**가 소유했던 별장인
레 로셰를 보고 싶었다.

태비스톡 스퀘어
바로 근처에 있는
집 한 채가 무너졌다.
소음과 먼지가 견딜 수
없을 정도였다.

부엌이
너무 작아요.

메클렌버그 스퀘어에
새로운 집을 구했다.
인쇄소와 살 집을 구해
이사하는 것은 쉽지 않은 일이었다.

다른 방들은
또 너무 크군….

1939년 여름, 버지니아는 다시
자신이 사랑하는 런던을 오래 산책했다.

*프랑스 북서부의 휴양지.
**프랑스의 여성 문학가. 수천 통의 편지를 남긴
루이 14세 시대의 문학가로 평가받는다.

1939년 9월 3일, 버지니아와 레너드는 몽크스 하우스에서 네빌 체임벌린의 선전포고를 들었다.*

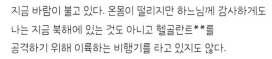

지금 바람이 불고 있다. 온몸이 떨리지만 하느님께 감사하게도 나는 지금 북해에 있는 것도 아니고 헬골란트**를 공격하기 위해 이륙하는 비행기를 타고 있지도 않다.

이 나라는 독일과 전쟁 중이다.

다른 해결책을 찾아야만 해요!

아무것도 작동하지 않아요!

이사하는 건 너무 힘든 일이에요.

땅이 어두워졌다. 방공기구***가 런던 상공을 맴돌고 있었다. 버지니아 울프는 이렇게 적었다.

도시는 하나의 단순한 집들이 모여 있는 곳이 되었다. 사치도, 영광도 사라지고 움직이는 것들도 사라졌다.

비타는 버지니아와 에델이 여전히 정기적으로 편지를 주고받는다는 사실을 질투하고 있었다.

이제 버지니아는 프로이트의 글을 읽었다.

나는 에델에게 단 세 사람만 사랑하고 있다고 말했어. 레너드와 버네사 그리고 당신을.

우리가 움직이기는 하지만 무의식의 상태라면…

문명과 인류 전체, 우리의 자유는 어떻게 되는 건가요?

*당시의 영국 총리. 앞서 굴욕적이라 표현되었던 뮌헨의 평화 협정과 히틀러의 말을 믿고 참전하지 않다가 폴란드가 함락되어서야 선전포고를 했다. 결국 전쟁의 확산을 막지 못한 책임을 지고 물러났다.

**북해에 있는 독일령의 섬.
***폭격기 같은 비행기가 날기 어렵게 케이블로 묶어 띄워놓던 커다란 기구 같은 풍선.

이런 연관성 없는
인용문은 좋지 않아!

마침내 로저 프라이의 전기가 완성되었다.

이건 바로 그 사람
자체예요….

당신은 나에게
그 사람을 돌려주었어요!

그사이에 히틀러의 군대는 점점 다가오고 있었다.
윈스턴 처칠이 총리가 되었다. 1940년 6월 4일
그는 대국민 연설을 했다.

우리는 우리의 영토를
수호하기 위해서 그 어떠한
대가라도 치를 준비가 되어
있습니다! 우리는 우리의
해변에서 그들과 싸울
것이며…

… 우리는 들판과 도로에서
전투를 치를 것이고…

우리는 절대 굴복하지
않을 것입니다!

침공이 시작되면
우리는 어떻게 해야
할까요?

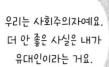

우리는 사회주의자예요.
더 안 좋은 사실은 내가
유대인이라는 거요.

나치 치하에서
우리에게 남은 건
죽음뿐일 거예요.

왜 기다리고 있어요?
차고 문은 닫는 것이
나아요.

그들은 최악의 경우 매연가스로 목숨을
끊기로 결심했다. 레너드는 자동차 연료를
넉넉하게 사두었다. 버지니아의 남동생
에이드리언은 정신과 의사였기 때문에
그들에게 모르핀을 처방해주었다.

버지니아는 《막간》에 이렇게 썼다.

세상 모든 사람이 우는 것처럼,
구름 아래로 쏟아져 내린다. 눈물. 눈물. 눈물.
그녀가 고개를 들었을 때 두 개의 커다란 빗방울이
그녀의 얼굴 정중앙으로 떨어졌다.

그 빗방울은 마치 그녀가 우는 것처럼 뺨을 타고
흘러내렸다. 그러나 그것은 모든 사람을 위해 흘리는,
모든 사람의 눈물이었다.

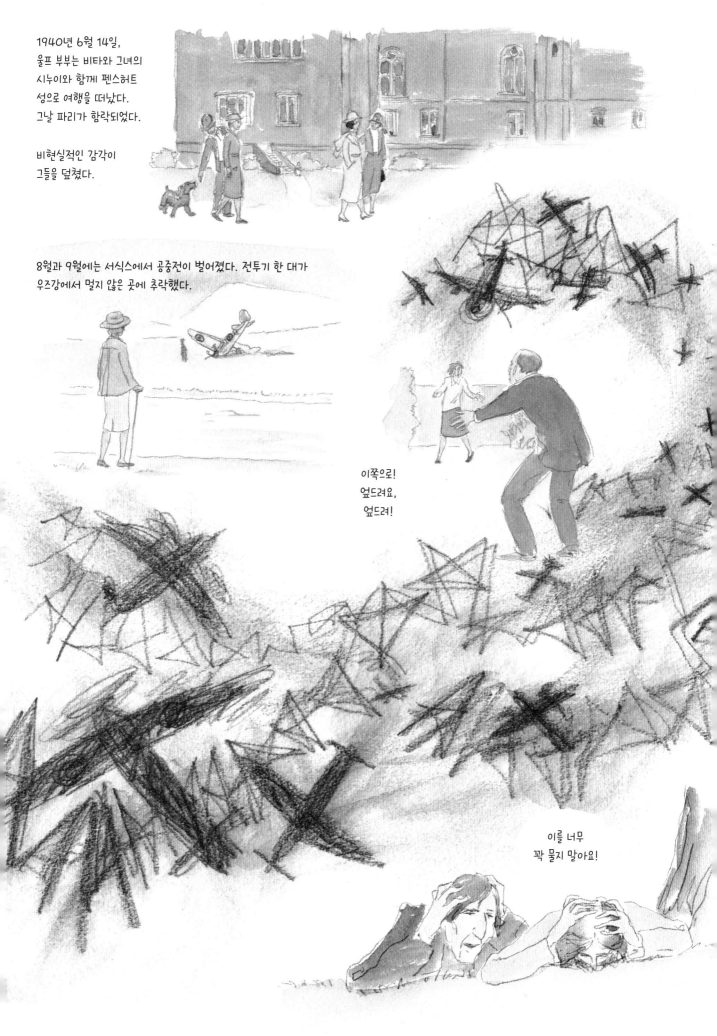

1940년 6월 14일,
울프 부부는 비타와 그녀의
시누이와 함께 펜스허트
성으로 여행을 떠났다.
그날 파리가 함락되었다.

비현실적인 감각이
그들을 덮쳤다.

8월과 9월에는 서식스에서 공중전이 벌어졌다. 전투기 한 대가
우즈강에서 멀지 않은 곳에 추락했다.

이쪽으로!
엎드려요,
엎드려!

이를 너무
꽉 물지 말아요!

비타! 어떻게 지내!

얼마 전에 여기에 무서운 공습이 있었어….

내가 당신에게 너무 나쁘게…

저 소리는 폭탄이야? 폭탄 소리가 들리는 거야?

알았어, 그래. 몸조심해. 그래, 전화 줘!

9월에는 런던에도 공습이 있었다. 메클렌버그 스퀘어의 집도 심각한 피해를 입어 더 이상 거기에서 지낼 수 없었다.

내 일기장이! 여기에 스물네 권이나 있었는데….

버네사의 접시가!

레너드와 버지니아는 온전한 것들을 모아 전부 몽크스 하우스로 옮겼다. 이제 거기가 그들이 지낼 곳이었다.

침공이 연기된 것처럼 보여요!

검은색 커튼이라니, 누가 이런 생각을 하겠어!

엘리자베스 보웬*이 버지니아를 찾아왔다.

그렇군요. 하지만 런던은 지금 불타고 있어요.

*영국의 소설가.

9월 29일 몽크스 하우스 바로 옆에서 포탄이 터졌다.

버지니아는 찰스턴에 있는 버네사를 방문했다.

피츠로이 거리에 있는 우리 집이 완전히 사라졌어!

내 아틀리에! 우리의 모든 사진이… 불타버렸어!

젠장, 레너드! 문을 꼭 그렇게 거칠게 닫아야 해요?

아, 폭탄이었군. 나는 집필실로 갈게요.

이제 모건 포스터는 버지니아를 런던 도서관 이사회에 초청했다.

천천히, 그러나 분명하게 식량 부족 사태가 느껴지고 있었다.

영국 최초의 여성 수석 의사인 옥타비아 윌버포스는 버지니아의 강의를 들은 이후부터 그녀와 계속 연락을 주고받고 있었다. 그녀는 우유와 크림을 가지고 왔다.

비타도 소포를 보냈다. 버터가 담겨 있었다.

고맙지만 됐어요! 나는 당신들의 장식품이 될 생각이 전혀 없어요!

버지니아는 그녀에게 답을 썼다.

오 맙소사, 비타! 당신의 버터!!

바로 옆에 폭탄이 떨어졌지만
- 중요하지 않아.
3월에는 비행기가 추락했어.
- 중요하지 않아.
빌어먹을 홍수
- 아니, 나에게 중요한 것은 당신의 버터가 왕관으로 쓸 만큼 훌륭한 받침대가 없다는 거야.

11월에 버지니아는 소설 《막간》을 완성했다.

그건 그다지 출판할 가치가 없어요.

전혀 아니야, 버지니아. 정말 훌륭해요!

버지니아 울프는
《파도》에서 이렇게 썼다.

어느 날 내 리듬이 멈추고,
그리고 나의 운율과 콧노래,
난센스와 시가 멈췄기 때문에
내 영혼의 공간은 텅 비어버렸다.

이 깊은 파도의 계곡이
나를 삼키게 두지 않겠다고
나는 맹세한다.

1941년 1월,
레너드는 버지니아가
매우 걱정되었다.

레너드는 이 사실을 버네사에게 알렸다.

그녀는 글을 쓰려고 했지만 여러 질문이
머릿속을 맴돌고 있었다.

여자들은 바다를 떠다니는 해초와도 같다.
여기서 저기로, 다시 저기서 여기로.
그녀들은 지속성과 연속성이 없어.
거친 물의 힘이 그녀를 위로 밀어
올렸다가 다시 바닥으로 그리고
다시 위로 밀어 올렸다가
다시 바닥으로 내리치는 거야.

옥타비아 윌버포스 박사가
버지니아를 방문했다.

너는 좀 쉬어야 해.
레너드가 원하는
대로 하자.

만약 침공이 시작되었는데
네가 완전히 무력한 상태가 된다면,
우리는 어떻게 해?

나는 절망적인 상태예요.
가장 깊은 바닥에 있어요.

이 전쟁의 관점에서
이런 글쓰기가 대체 어떤
의미가 있을까요?

버지니아 울프는
《상징》에서 이렇게 썼다.

솔직히 말하자면, 나는
더 이상 그 어떠한 것도
느낄 수 없다.
나는 머리를 손질하지 않는다.
손톱도 깎지 않는다.
대체 왜 나는 이 모든 것을
쓰는 것일까?
왜 말도 안 되는 것을
쓰는 것인가?

나중에 그녀는 원고에서
이 구절을 삭제했다.

그녀는 잠을 잘 수도 먹을 수도 없었지만 목소리가 들려왔다.

버지니아는 레너드에게 남기는 유서를 써서 그것을 숨겼다. 버네사에게도 편지를 보내지 않았다.

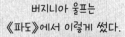

버지니아 울프는 《파도》에서 이렇게 썼다.

나는 가능성이 별로 없었던 그 수많은 모험을 나와 함께했던 나 자신과 모두가 잠든 순간에도 불 옆에 앉아 있던 그 충실한 사람에게 말을 걸었다.

그저 미끄러져서 도랑에 빠진 거예요. 괜찮아요!

레너드는 그녀를 윌버포스 박사에게 데려가기 위해 버지니아를 설득했다. 1941년 3월 27일이었다.

당신의 증상을 알고 있어요. 검사를 시작해도 될까요?

단 당신이 한 가지만 약속해준다면요! 요양원에 가는 건 절대 안 돼요!

다시 내가 예전처럼 될까 봐 두려워요….

당신은 예전에 잘 이겨냈어요. 이번에도 그럴 거예요.

나는 아무렇지도 않아요. 여기 온 건 정말 쓸데없는 일이에요.

울프 부인. 레너드를 안심시켜주고 싶잖아요.

나는 당신 스스로 납득하지 않을 그 어떤 결정도 하지 않을 거예요.

나는 당신을 도울 수 있지만, 아무도 내가 돕기를 바라지 않는 것 같아요.

내일 저녁에 다시 전화할게요.

그 이후 모두가 평온해졌다.

여기 나 자신은 지금 어떤 대답도 하지 않는다. 이의를 제기하지도 않는다. 그 어떠한 문장도 꺼내지 않는다. 나는 기다렸다. 아무도 오지 않는다. 아무도. 나는 외쳤지만, 그 순간 내가 완전히 패배했다는 사실을 분명히 알게 되었다. 아무것도 없었다. 이것은 진짜 죽음, 이었다.

1941년 3월 28일 금요일,
버지니아는 레너드에게 두 번째 편지를 썼다.

내 사랑, 당신이 나에게
완벽한 행복을 선물했다고 말하고 싶어요.
그 누구도 당신이 한 것보다 더 많은 일을
할 수는 없을 거예요. 내 말을 믿으세요.
하지만 나는 이것을 절대 극복할 수 없다는 것을 알아요.
나는 당신의 인생을 망치고 있어요.
바로 이 광기 때문에 말이죠.
그 누구도 나를 설득할 수는 없어요.
당신은 일을 할 수 있으니 내가 없다면
훨씬 나은 삶을 살아갈 거예요.
당신도 알겠지만, 나는 내가 옳다는 것을
보여주는 이 글조차 제대로 쓸 수 없어요.
그래도 꼭 말하고 싶은 게 있어요. 이 병이 나를
덮치기 전까지 우리는 완벽하게 행복했다는 거예요.
그리고 이 모든 것은 당신 덕분이에요.
그 누구도 당신만큼 잘할 수는 없었을 거예요.
우리의 첫날부터 바로 오늘까지.
모두가 그 사실을 알고 있어요.
V.

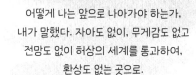

어떻게 나는 앞으로 나아가야 하는가,
내가 말했다. 자아도 없이, 무게감도 없고
전망도 없이 허상의 세계를 통과하여,
환상도 없는 곳으로.

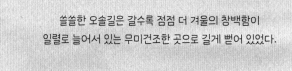

쓸쓸한 오솔길은 갈수록 점점 더 겨울의 창백함이
일렬로 늘어서 있는 무미건조한 곳으로 길게 뻗어 있었다.

이제 나는 내 찬양을 선택하고 싶다.

천국은 외로움을 찬양할 것이다. 혼자 있게 해주십시오.

122

존재의 베일을 걷어낼 수 있게 해주십시오.

… 아주 작은 숨결로도, 낮과 밤에도 변화하는 이 구름들.
낮에도 계속, 밤에도 계속 변하는 이 구름.

나는 글을 다 끝냈습니다.
그보다 훨씬 나은 것은 바로 침묵입니다.

내 안에는 용솟음치는 파도가 있습니다.
그것이 소용돌이치면, 그녀는 자신의 등을 굽힙니다.

어떤 적이 우리에게
다가오는지 보이나요?
그것은 죽음입니다.
죽음이 그 적입니다.

당신에게서
나는 나 자신을
지켜내고 싶습니다.
패배하지 않고
또 패배하지 않도록.
오, 죽음이여!

버지니아가 사라졌다.

그녀가 길을 잃었거나 숨어 지내다가 언젠가
다시 돌아올 것이라는 희망은 그리 오래가지 않았다.
그녀의 시신은 3주가 지난 뒤에야 우즈강에서 발견되었다.

몽크스 하우스의 정원에는 '레너드와 버지니아'라고 이름 붙인
두 그루의 나무가 있었다.
레너드는 그곳에 버지니아의 재를 묻었다.

그는 발행인으로서 버지니아의 유산을 정리했다.
그녀의 마지막 소설, 단편소설과 수필
그리고 그녀의 편지와 일기 등을.

버지니아 울프는 우리에게 말하는 것을 멈추지 않았다.

버지니아 울프의 생애

1882년	1월 25일	애들린 버지니아 스티븐(Adeline Virginia Stephen)은 런던의 하이드파크 게이트 22번지에서 태어났다.
1895년	5월 5일	버지니아의 어머니 줄리아 스티븐(Julia Stephen)이 사망했다. 그 직후 버지니아 스티븐은 첫 번째 정신 쇠약 증세를 겪는다. 그녀는 환청을 듣고 잠을 잘 수 없거나 음식을 먹을 수 없었다. 아마 이부 오빠인 조지 덕워스(George Duckworth)의 성폭력은 이 직후에 시작되었을 것이다.
1897년	4월 10일	그녀의 이부 언니인 스텔라 덕워스(Stella Duckworth)가 결혼한다.
	7월 19일	스텔라 덕워스가 사망한다. 버지니아 스티븐은 이 시기에 킹스칼리지의 수업을 들었다.
	10월 30일	두 살 위의 오빠인 토비 스티븐은 케임브리지 트리니티칼리지에서 리턴 스트레이치(Lytton Strachey), 레너드 울프(Leonard Woolf), 클라이브 벨(Clive Bell), 색슨 시드니터너(Saxon Sydney-Turner) 등 훗날 블룸즈버리 그룹(Bloomsbury Group)의 핵심 인사가 될 사람들과 사귀게 된다.
1902년		버지니아 스티븐은 재닛 케이스(Janet Case)로부터 그리스어를 배운다. 그녀는 어머니의 친구였던 바이얼릿 디킨슨(Violet Dickinson)을 알게 되었다. 버지니아 스티븐보다 한 살 어린 남동생 에이드리언 스티븐 역시 당시 형이 그랬듯이 케임브리지의 트리니티칼리지에 재학 중이었다.
1904년	2월 22일	버지니아의 아버지 레슬리 스티븐이 사망한다. 버지니아 스티븐은 두 번째 신경 쇠약 증세를 겪는다. 바이얼릿 디킨슨이 그녀를 데려가 병을 치료했다. 남은 네 명의 스티븐 형제자매들은 자유를 만끽하며 고든 스퀘어 46번지로 이사했다.
	12월 14일	그녀의 첫 글이 〈가디언〉에 실렸다.
1905년		버지니아 스티븐은 몰리칼리지에서 노동자를 위해 매주 강의를 했다.
1906년	11월 20일	그리스 여행을 다녀온 후 그녀의 오빠 토비가 장티푸스로 사망한다.
1907년	2월 7일	버지니아보다 세 살 위인 언니 버네사 스티븐(Vanessa Stephen)과 클라이브 벨이 결혼한다. 버지니아와 에이드리언 스티븐은 피츠로이 스퀘어 29번지로 이사한다. 그녀는 《출항》을 쓰기 시작한다.

1909년	2월 17일	리턴 스트레이치가 버지니아 스티븐에게 청혼을 했다가 바로 다음 날 취소한다.
1910년	2월 10일	드레드노트 사기 사건(Dreadnought Hoax) : 버지니아와 일행이 에이드리언 스티븐의 주도로 아비시니아의 왕자로 위장해 군함을 구경했다.
	여름	버지니아는 봉투에 주소를 적어 여성 참정권 운동을 지지했다. 그녀는 불안 증상이 심해져 트위크넘의 요양원에 입원해야 했다.
	9월	버지니아 스티븐은 카 콕스(Ka Cox)와 친구가 되었다.
1911년		버지니아와 에이드리언 스티븐은 존 메이너드 케인스(John Maynard Keynes), 레너드 울프, 덩컨 그랜트(Duncan Grant)와 함께 이사를 했다.
1912년		버네사와 버지니아 스티븐은 서식스 지방의 애쉬엄 하우스(Asheham House)를 빌렸다.
	1월 11일	레너드 울프가 버지니아 스티븐에게 청혼했다. 그녀는 다시 신경 쇠약 증세가 나타나 트위크넘의 요양원에서 시간을 보내야만 했다.
1913년	3월	《출항》 원고를 그녀의 이부 오빠인 제럴드 덕워스의 출판사로 보냈다. 버지니아 울프는 다시 조울증 증세를 보였고, 헌신적인 친구인 카 콕스가 그녀를 돌보았다. 그녀 주위에는 레너드 울프와 버네사 벨이 있었다.
	8월 10일	버지니아 스티븐과 레너드 울프가 결혼했다. 신혼여행을 마치고 돌아온 두 사람은 런던의 클리포드 인(Clifford's Inn)에 묵었다.
	9월 9일	버지니아 울프는 베로날을 과다복용하여 자살을 시도했다. 그해 남은 기간 동안 그녀는 간호사들의 관리하에 있었다.
1914년	1월	울프 가족은 리치먼드의 호가스 하우스(Hogarth House)로 이사했다.
	2월 16일	남아 있던 간호사가 집을 떠났다.
1915년	3월~5월	또 다른 심각한 증상이 나타났다. 버지니아는 분노에 가득 차 공격적으로 변했고 남편을 보고 싶어 하지 않았다. 집에는 다시 네 명의 간호사가 있었다.
	3월 16일	《출항》이 발간되었다.
1916년	10월	버지니아 울프는 여성 협동조합을 위해 호가스 하우스에서 여성을 위한 강의를 열었다. 그녀는 〈타임스〉에 문학 비평을 정기적으로 기고하고 있었다.

1917년	4월	호가스 출판사의 첫 번째 출판물인 《두 이야기》가 발행되었다. 그 책에는 버지니아의 작품인 《벽 위에 난 자국》과 레너드의 작품 《세 유대인》이 실려 있었다. 버지니아 울프는 《밤과 낮》을 쓰기 시작했다.
1919년	7월 1일	《밤과 낮》이 덕워스에 의해 출간되었다.
	10월 20일	울프 부부는 애쉬엄 하우스를 떠나 이스트 서식스 로드멜에 있는 전원주택인 몽크스 하우스(Monk's House)를 구입해야만 했다.
1920년		버지니아 울프는 《제이콥의 방》을 집필하기 시작했다.
1921년		그녀는 여름 동안 병을 앓았다.
	11월 4일	《제이콥의 방》을 완성했다.
1922년	1월~5월	그녀는 아팠다.
	12월 14일	《제이콥의 방》은 호가스 출판사에서 발행되었다. 버네사가 표지를 그렸다. 버지니아 울프는 비타 색빌웨스트(Vita Sackville-West)를 알게 되었다.
1923년		《댈러웨이 부인》을 쓰기 시작했다.
1924년		태비스톡 스퀘어 52번지로 이사했다. 이때 케임브리지에서 강의한 것은 나중에 〈베넷 씨와 브라운 부인〉의 기초가 되었다.
	10월 8일	《댈러웨이 부인》이 완성되었다.
1925년	4월 23일	《보통의 독자》가 출간되었다.
	5월 14일	《댈러웨이 부인》이 출간되었다. 여름 동안 다시 병을 앓았다.
	12월 17일	그녀는 비타의 집을 방문했다. 그들의 우정은 사랑으로 변해갔다.
1926년	1월	버지니아 울프는 《등대로》를 집필하기 시작했다.
1927년	5월 5일	《등대로》가 발표되었다.
	10월 5일	《올랜도》를 쓰기 시작했다.
1928년	10월 11일	《올랜도》가 발표되었다. 버지니아 울프는 케임브리지에서 낭독회를 열었고 이것이 나중에 에세이 《자기만의 방》의 기초가 되었다.
1929년	1월	울프 부부는 비타와 그녀의 남편 해럴드 니컬슨(Harold Nicolson)을 방문하기 위해 베를린으로 갔다. 비타와의 관계는 냉각되었다.
	6월 18일	버지니아는 처음으로 《파도》에 대한 구상을 메모했다.
	10월 24일	《자기만의 방》이 발표되었다.

1930년	2월 20일	버지니아 울프와 사랑에 빠진 작곡가 에델 스미스(Ethel Smyth)를 알게 되었다.
	5월 29일	《파도》의 첫 번째 버전을 완성했다.
1931년	10월 8일	《파도》가 출간되었다. 그녀는 휴양의 의미로 《플러시》를 썼다.
1932년	1월 21일	리턴 스트레이치가 사망했다.
	10월 13일	《보통의 독자》 2편이 출간되었다. 《세월》의 집필을 시작했다.
1933년	10월 5일	《플러시》가 출간되었다.
1934년		《세월》을 완성했다.
	9월 9일	로저 프라이가 사망했다.
1935년		그녀는 《세월》을 다시 고쳐 썼다. 울프 부부는 독일을 거쳐 이탈리아로 버네사를 만나러 갔다가 돌아왔다.
1936년	5월~10월	버지니아는 병을 앓았다. 《세월》을 마무리하고 《3기니》를 시작했다.
1937년	3월 15일	《세월》이 출간되었다. 로저 프라이의 전기를 쓰기 시작했다.
	7월 18일	버네사의 아들 줄리언이 스페인 내전에서 사망했다.
1938년	6월 2일	《3기니》가 출간되었다. 버지니아 울프는 계속 로저 프라이의 전기를 집필하면서 《막간》을 구상했다.
1939년		울프 부부는 메클렌버그 스퀘어 37번지로 이사했다.
1940년	7월 25일	로저 프라이의 전기가 출간되었다.
	9월 10일	메클렌버그 스퀘어의 집이 폭격으로 심하게 파손되었다. 울프 부부는 온전한 물건들을 챙겨 몽크스 하우스로 이사했다.
	10월 18일	태비스톡 스퀘어에 있는 그들의 이전 집은 완전히 파괴되었다.
	11월 23일	버지니아 울프는 《막간》을 완성했다. 서식스에서는 공중전이 벌어지고 식량 부족 사태가 심화되었다.
1941년		버지니아 울프는 다시 환청을 듣기 시작하고 잠을 자거나 식사를 할 수 없게 되었다.
	3월 28일	버지니아 울프는 몽크스 하우스 근처 우즈강에서 익사했다.
	7월	《막간》이 출간되었다.

수사네 쿠렌달(Susanne Kuhlendahl)

일러스트레이터. 복잡한 이야기를 그림으로 풀어내어 사람들이 공감하고 몰입할 수 있도록 하는 데
매력을 느껴 그래픽 노블을 작업하기 시작했다. 볼프강 보르헤르트의 산문 〈빵〉,
알레산드로 바리코의 《노베첸토》, 토마스 만의 《베니스에서의 죽음》 등 예술성 높은 작품을
그래픽 노블로 만들었다. 지금은 버지니아 울프의 대표작 《올랜도》를 준비 중이다.

옮긴이 이상희

중앙대학교 문예창작학과를 졸업하고 독일 본대학 아시아학부에서 번역학을 전공했다.
현재 번역 에이전시 엔터스코리아에서 번역가로 활동하고 있다.
옮긴 책으로는 《젊은 베르테르의 슬픔》, 《데미안》 등 다수가 있다.

나, 버지니아 울프

초판 1쇄 발행 2023년 1월 16일

지은이 | 수사네 쿠렌달
옮긴이 | 이상희
발행인 | 김형보
편집 | 최윤경, 강태영, 이경란, 임재희
마케팅 | 이연실, 이다영, 송신아
디자인 | 송은비
경영지원 | 최윤영

발행처 | 어크로스출판그룹(주)
출판신고 | 2018년 12월 20일 제 2018-000339호
주소 | 서울시 마포구 양화로10길 50 마이빌딩 3층
전화 | 070-8724-0876(편집) 070-8724-5877(영업) 팩스 | 02-6085-7676
e-mail | across@acrossbook.com

한국어판 출판권 ⓒ 어크로스출판그룹(주) 2023

ISBN 979-11-6774-083-0 03100

만든 사람들
편집 | 임재희
교정 | 오효순
표지디자인 | 송은비
본문디자인 | 명희경

조지 덕워스
George Duckworth
이부 오빠

제럴드 덕워스
Gerald Duckworth
출판사 발행인, 이부 오빠

줄리아 스티븐
Julia Stephen
덕워스 미망인,
버지니아의 어머니

레슬리 스티븐
Leslie Stephen
전기 작가,
버지니아의 아버지

로라 스티븐
Laura Stephen
동부 언니

에이드리언 스티븐
Adrian Stephen
버지니아의 남동생

토비 스티븐
Thoby Stephen
버지니아의 오빠

버네사 벨
Vanessa Bell
화가, 버지니아의 언니

버지니아 울프
Virginia Woolf

레너드 울프
Leonard Woolf
작가, 출판사 발행인, 사회주의자,
버지니아의 남편

리턴 스트레이치
Lytton Strachey
전기 작가,
버지니아의 친구이자
전 약혼자

잭 힐스
Jack Hills
스텔라의 남편

스텔라 힐스
Stella Hills
이부 언니

클라이브 벨
Clive Bell
화가, 버네사의 남편

덩컨 그랜트
Duncan Grant
화가, 데이비드 가넷과
버네사 벨의 동거인

로저 프라이
Roger Fry
화가, 한때 버네사의 애인

존 메이너드 케인스
John Maynard Keynes
경제학자

매지 시먼즈
Madge Symonds
작가, 젊은 시절의 친구

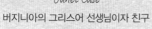

재닛 케이스
Janet Case
버지니아의 그리스어 선생님이자 친구

바이얼릿 디킨슨
Violet Dickinson
어머니의 친구

에드워드 모건 포스터
Edward Morgan Forster
작가

색슨 시드니터너
Saxon Sydney-Turner
작가